T0307521

La guerra en el mar

José Luis Caballero

La guerra en el mar

© 2016, José Luis Caballero

© 2016, Redbook Ediciones, s. l., Barcelona

Diseño de cubierta: Regina Richling

Diseño interior: Grafime

ISBN: 978-84-9917-402-0

Depósito legal: B-20.609-2016

Impreso por Reprográficas Malpe, S.A. c/ Calidad, 34, bloque 2, nave 7

Pol. Ind. "Los Olivos" 28906 Getafe Madrid

Impreso en España - *Printed in Spain*

Índice

1

Introducción

La guerra en el mar no pretende ser un estudio exhaustivo sobre el desarrollo de las operaciones navales en la Segunda Guerra Mundial, ni tampoco un tratado tal y como se estudiaría en una Escuela de Guerra Naval. Se trata, nada más, pero nada menos, de un acercamiento a un aspecto específico de la Segunda Guerra Mundial que a veces ha permanecido oscurecido por una abundantísima bibliografía referida a la guerra en Europa.No es baladí el hecho de que las grandes batallas del teatro europeo, batallas como la de Kursk, Stalingrado o las Ardenas dejaran un número de bajas infinitamente superior a la de cualquier batalla naval, pero a veces se olvida que el desembarco de Normandía, por ejemplo, de junio de 1944 tuvo un preludio en Peleliu, en el Pacífico central con un número de bajas relativamente más alto que el de Normandía. O que el Imperio japonés fue derrotado y detenida su agresión en sucesivas batallas navales desde Midway hasta Okinawa. No hay que olvidar incluso que hablamos de una Guerra Mundial, una guerra que afectó a todo el planeta Tierra, que este planeta está compuesto de agua en siete décimas partes y que el Océano Pacífico, la mitad del planeta, fue uno de los escenarios más importantes de la guerra.

Pero lo que más he intentado destacar en este libro, aparte de dibujar su complejo escenario, es la personalidad de sus protagonistas, desde los tripulantes de submarinos alemanes hasta los kamikazes japoneses pasando por espías, almirantes, mecánicos o marineros, muertos o supervivientes, los personajes que hicieron historia. Desde Nimitz hasta Luigi Duran della Penne, todos ellos merecen un puesto en la historia de la guerra naval aunque nos suenen más los buques, grandes buques que se perdieron en el fondo del mar: *Bismarck, Hood, Graf Spee, Arizona, Yamato, Musashi...* también existen islas de superficie ridícula que contaron por miles los muertos. Todos ellos, miles, con un nombre o sin él, yacen en el fondo del mar o en tumbas perdidas en alguna isla paradisíaca.

Cuando la Alemania nazi planeó la ocupación de Polonia, Hitler y sus allegados no creían que Inglaterra cumpliera su tratado y declarara la guerra. El Ejército alemán estaba no obstante lo suficientemente preparado para resistir el golpe y la potencia de la industria alemana garantizaba que en poco tiempo su Ejército podía estar en condiciones de derrotar no sólo al francés sino también el británico. Lo que no parecía posible era que la Kriegsmarine, la flota de guerra alemana se pudiera enfrentar a la Royal Navy, la armada más poderosa del mundo. La estrategia naval alemana trató en primer lugar de contener a los británicos a base de potentes y modernos acorazados como el *Bismarck* y el *Tirpitz* pero quedó de manifiesto enseguida que en superficie no tenían nada que hacer así que su estrategia derivó hacia los submarinos con la única finalidad de romper las líneas de suministro de los aliados desde norteamérica a las islas británicas y desde éstas a los puertos rusos del Ártico. Más al sur, en el Mediterráneo, la Royal Navy se hizo pronto con el control de la situación en parte por la neutralización de la flota francesa y por la falta de una estrategia coherente de la flota italiana.

Al otro extremo del mundo, en el Océano Pacífico, la cosa era muy diferente. La Marina de Guerra japonesa era capaz de enfrentarse a la británica y a la norteamericana. El día 7 de diciembre de 1941, una flota japonesa atacó la base de la flota del Pacífico de los Estados Unidos de América situada en Pearl Harbor, en la isla de Oahu en el archipiélago de las Hawai. El ataque, del que se ha discutido si fue una sorpresa o los norteamericanos lo esperaban, fue la respuesta del imperialismo japonés a la política de contención que realizaban norteamericanos y británicos, sobre todo, tras la ocupación de gran parte de China por parte de los japoneses y la creciente agresividad del militarismo japonés, dispuesto a convertirse en la única potencia de Asia oriental. Inmediatamente, el Ejército japonés y su Flota se movilizaron para ocupar las posesiones norteamericanas, británicas y holandesas de extremo oriente contando con que las francesas, nominalmente bajo el gobierno neutral de Vichy, no significaban un peligro para su expansión. Las campañas terrestres de Birmania, Hong Kong y Malasia significaron sólo una parte del empuje japonés que encomendó a su flota un ambicioso movimiento hacia el este. Al mando del almirante Yamamoto, la Marina Imperial japonesa se lanzó a la conquista de Filipinas, de las Indias Orientales Holandesas y de decenas de islas del Pacífico llegando a amenazar Australia e incluso planeando en algún momento la ocupación de las Hawai. Fue a partir de esa política cuando la guerra en el mar se desarrolló de la forma más abierta en el Océano Pacífico. Primero la contención de los japoneses en Midway y el Mar del Coral, luego las victorias norteamericanas en Filipinas y el Golfo de Leyte, todo ello aderezado con operaciones anfibias que han pasado a la historia como Guadalcanal, Peleliu, Iwo Jima y Okinawa, unas operaciones que no pueden obviarse cuando se habla de guerra naval. La guerra del Pacífico, como parte de la guerra naval en la Segunda Guerra Mundial, significó también un salto cualitativo en la guerra en el mar, el fin de los grandes acorazados y la inauguración de una nueva estrategia naval basada en los portaviones y en la aviación naval de modo que marines, pilotos y marineros se convirtieron en el equipo indisoluble de la nueva estrategia.

Barcelona, primavera de 2016

2

Los escenarios antes del conflicto

2.1. El Océano Pacífico

El puerto de las Perlas

El 7 de diciembre de 1941, una flota japonesa compuesta por veinte buques de superficie, cerca de treinta submarinos y más de cuatrocientos aviones atacó la base aeronaval norteamericana de Pearl Harbor en el archipiélago de Hawai. Ese hecho, calificado por la prensa norteamericana de infame, provocó la entrada de Estados Unidos en la Segunda Guerra Mundial y significó a la larga la eliminación del Imperio japonés y su hegemonía en el Pacífico Occidental. En lo que se refiere a la nomenclatura de la US Navy, Pearl Harbor, en la isla de Oahu, era una Estación Aérea Naval, lo que quiere decir que era básicamente el punto de atraque y aprovisionamiento de la flota de portaviones norteamericanos en el Pacífico, una base que unía la clásica base naval con la nueva estrategia basada en los portaviones como fuerza de ataque. Pearl Harbor era la base de los portaviones pesados, *USS Enterprise*, *USS Lexington* y *USS Saratoga*, parte de la flota de portaviones de la US Navy que estaba formada en 1941 por 33 navíos pesados, nueve ligeros, además de 54 de los llamados de escolta y un buen número de portahidroaviones. Además de los portaviones, la base de Pearl Harbor daba cobijo a un centenar de navíos de todo tipo, en especial ocho acorazados y treinta destructores en buenas condiciones pero a causa de las restricciones presupuestarias sólo un sesenta por ciento de los destructores con que contaba la

US Navy iban dotados de radares capaces de detectar submarinos. La fuerza se completaba con casi cuatrocientos aviones de la marina básicamente estacionados en la isla de Ford en el centro de la rada y también en los aeródromos de Hickam, Wheeler, Barber's Point y Kaneohe.

Desde principios de 1941, Pearl Harbor se había convertido en la base de la Flota del Pacífico por orden del presidente Roosevelt que decidió trasladarla desde la de San Diego, en California, después de que el Congreso aprobaba un incremento del 25% en el potencial de la Flota a fin de presionar al Japón por sus intervenciones en China y el sudeste asiático, aunque paradójicamente el presupuesto todavía no se había votado.

Pearl Harbor, llamado por los nativos hawaianos Puʻuloa, es un magnífico puerto natural en la isla de Oahu, en el archipiélago de

las Hawai, con todas las ventajas y los inconvenientes de un puerto de esas características. La ventaja evidente es la protección de los navíos contra las tormentas y contra el oleaje que puede afectar en las tareas de aprovisionamiento y desde luego, en caso de conflicto, contra el ataque de otros navíos de superficie o de los submarinos. La desventaja, que se vio claramente el día del ataque japonés, es que un estrecho canal de acceso, como en el caso de Pearl Harbor o el de Scapa Flow por poner otro ejemplo, hace muy difícil, casi imposible, que los buques puedan salir con rapidez si las necesidades lo imponen. Otro inconveniente, que los responsables de la Marina conocen perfectamente, es el del atraque de los buques que, sobre todo en los casos de guerra o de conflicto, deben estar suficientemente separados para que el ataque contra un buque no afecte necesariamente al que se encuentra pegado a él. La concentración de buques y en especial el

El portaviones *USS Enterprise* participó en algunas de las principales batallas de la guerra del Pacífico, como la batalla de Guadalcanal, la batalla de Midway, la campaña de las islas Salomón, la batalla de las islas de Santa Cruz, la batalla del mar de Filipinas o la batalla del golfo de Leyte.

estar atracados costado con costado lo hacen un objetivo de primer orden en especial para la aviación que, sin una conveniente defensa antiaérea, opera con una evidente ventaja.

Visto desde el aire, el puerto natural de Pearl Harbor presenta un impresionante aspecto con un estrecho acceso desde mar abierto prácticamente en dirección norte que se abre posteriormente primero en dos canales y el de la derecha en dos más que enmarcan la isla de Ford. Esta vertiente derecha es la utilizada como puerto, con unos doce metros de profundidad, dado que en la otra dirección, la izquierda, no hay suficiente calado. Hoy en día, Pearl Harbor forma una gran base conjunta de la US Navy y la USAF con el nombre de Hickman-Pearl Harbor con sus instalaciones concentradas en el lado sur del entrante, aunque en 1941 la base naval ocupaba también los atraques en la isla Ford.

Oahu es la más grande de las islas que forma el archipiélago y en ella se encuentra la mayor ciudad del estado, Honolulu. Aunque desde la cultura anglosajona se cita al navegante James Cook como el descubridor de las islas, en 1778, lo cierto es que hay evidencias de que fue dos siglos antes, en 1555 cuando, navegantes españoles de la expedición de Ruy Lopez de Villalobos, descubridor de las Filipinas, desembarcaron en algunas de las islas que hoy forman Hawai. Según el historiador naval José Antonio Crespo-Francés*, fue López de Villalobos quien las describió y nombró en 1555 como «Las islas del Rey» en su expedición que salió de Acapulco en 1543.

La base naval, o Estación Aeronaval de Pearl Harbor, data de enero de 1887 cuando la Armada de Estados Unidos alquiló el puerto al reino de Hawai para la instalación de su base naval a cambio de algunas concesiones comerciales que ampliaban las firmadas años antes, en 1874. Esa situación de alquiler se prolongó hasta 1898 cuando la guerra con España y la creciente expansión norteamericana por el Pacífico hicieron tomar a los norteamericanos la decisión de anexionarse el archipiélago, en un primer paso como Territorio para

---

* El relato pormenorizado se encuentra en www.elespiadigital.com/images/ stories/Documentos2/HAWAII%20ESPA%C3%91OL.pdf

convertirlo en Estado muchos años después, en 1959. La base representaba en 1941 la presencia de Estados Unidos en el Pacífico Oriental y junto a la flota británica, con base en Singapur, eran el freno a la expansión japonesa. En aquel momento, la fuerza norteamericana más importante para disuadir a Japón lo componían, aparte de los portaviones, ocho acorazados: *USS Arizona*, *USS Oklahoma*, *USS West Virginia*, *USS California*, *USS Pennsylvania*, *USS Maryland*, *USS Tennessee* y *USS Nevada* y los cruceros de batalla *USS Helena*, *USS Honolulu* y *USS Raleigh*, todos ellos alcanzados por las bombas y los torpedos japoneses el fatídico 7 de diciembre. Los portaviones ya mencionados eran parte importante de la flota pero en aquel momento no se encontraban en el puerto; sí lo estaba el portahidroaviones *USS Curtis* que fue dañado en el ataque, igual que tres de los 30 destructores fondeados.

El total de soldados estacionados en Hawai alcanzaba en 1941 la cifra de 43.000, casi el doble de los que había 18 meses antes, de los que 4.500 formaban parte del Cuerpo de Marines y el resto lo formaban fuerzas de Infantería y personal de la Marina, marineros, pilotos y personal auxiliar.

Estación Naval de Midway

El 1 de octubre de 1993 se cerró definitivamente la Estación Naval de Midway, una de las bases aéreas y navales fundamentales para la marina norteamericana en la última mitad del siglo XX y en especial en la Segunda Guerra Mundial y el territorio pasó a convertirse en un refugio de Vida Silvestre administrado por el Servicio de Pesca y Vida Silvestre de Estados Unidos. Situado al norte del archipiélago de Hawai, a algo más de 900 millas náuticas, el atolón de Midway debe su nombre («A mitad de camino» en español) a encontrarse precisamente a medio camino entre América y Asia. Su descubrimiento fue obra del español Miguel Zapiaín, capitán de navío al mando de la fragata *Nuestra señora del Pilar* que en 1799 las bautizó como isla de Patrocinio*, aunque la historia norteamericana adjudica el descu-

---

* En hawaiano se llama Pihemanu Kauihelan.

brimiento a un capitán ballenero N.C. Middlebrooks en 1859. Ocho años después, el capitán William Reynolds, al mando del *USS Lackawanna*, puesto en servicio en la guerra civil norteamericana, tomó posesión de la isla en nombre de la Unión y poco después se la bautizó como Midway, siendo el primer territorio de ultramar anexionado por Estados Unidos, antes incluso que Hawai.

Fue en 1903 cuando el presidente Theodor Roosevelt firmó la Orden Ejecutiva por la que le concedió el control de Midway al Departamento de Marina pues la isla, aunque de escasa extensión apenas 6 kilómetros cuadrados, podía servir para refugio de navíos y tenía la posibilidad de albergar pistas de aterrizaje, como así se hizo en el verano de 1941. En 1904 fueron sólo un grupo de 20 marines los que llegaron al atolón con la misión de proteger el cable de comunicaciones que se había tendido para comunicar Guam, Hawai y Midway y en 1906 ya se instalaron algunas ametralladoras creando un perímetro defensivo. Fue a partir de 1921 cuando se empezó a considerar a Midway como un establecimiento militar, se inició el refuerzo de sus defensas y en 1927 se discutía ya sobre la extraordinaria importancia aérea y militar del atolón. En los años treinta Pan American lo empezó a utilizar como escala para sus hidroaviones aprovechando su gran laguna interior y en 1935 inició la construcción de las primeras pistas de aterrizaje, pero ya entonces el Ejército y la Marina empezaron a tomarse en serio Midway, especialmente en 1939 tras el estallido de la guerra en Europa y los problemas con el expansionismo japonés de Asia. La orden para crear la Estación Aérea Naval llegó en junio de 1941 y se empezaron a construir instalaciones de atraque, campos de aviación, base de submarinos, cuarteles y estaciones de radar, pero no fue hasta después del ataque a Pearl Harbor que se convirtió en una importante base defendida por el 6º batallón de marines que fue reforzado con baterías de artillería, tanques ligeros y dos compañías de fuerzas especiales del USMC*, los Marine Raider.

---

* Cuerpo de Marines de Estados Unidos.

El Reino Unido y la estrategia Singapur

La Estrategia Singapur fue la opción de defensa que adoptó Gran Bretaña en Extremo Oriente entre 1918 y 1941 y que era el desarrollo del Acuerdo Naval firmado en Washington en 1922 por el que aceptaban ceder algo de su poderío naval dadas las dificultades económicas para sostenerlo. En ese tratado, aceptaban equiparar la potencia de su flota a la de Estados Unidos y aunque mantenían una superioridad notable a las flotas japonesa, francesa e italiana, ya no era la aplastante del periodo anterior a la Primera Guerra Mundial. Básicamente la estrategia Singapur era una serie de medidas defensivas en Extremo Oriente basada en la Flota y para ello inició ya en 1920 los trámites para construir una base naval en la isla de Singapur, en el extremo sur de Malasia, al este del estrecho de Malaca, un proyecto que pasó por muchas vicisitudes hasta que se construyó y equipó la base naval. Se inauguró en 1938 y quedó lista para su uso en 1939. Ocupaba una superficie de 52 Km² y poseía el mayor dique seco del mundo constituyendo una auténtica fortaleza protegida por cañones navales de 15 pulgadas situados en los fuertes de Siloso, Labrador y Canning, dos bases aéreas, en Tengah y Sembawang y un batallón de Infantería. La idea era soportar cualquier intento de asalto desde el mar, pero se prestó escasa atención al ataque por tierra y además se contaba con el handicap de que los barcos que debían acogerse a la nueva base podían tardar hasta setenta días en llegar desde sus bases en Europa donde se concentraba la mayor parte de la flota, ante el evidente peligro contra la metrópoli tras el estallido de la guerra con Alemania. La finalidad defensiva británica en Oriente no era otra que cortar el eventual acceso de los japoneses por mar a la India, la vigilancia de la ruta naval por el Índico y obviamente la defensa de sus posesiones en el sureste asiático, así como el enclave de Hong Kong. En el colmo del optimismo se veía a Singapur como la base para bloquear al archipiélago japonés en caso de guerra. Para ello, el Almirantazgo británico había previsto organizar una flota que debía estar estacionada en Singapur, pero la idea nunca llegó a materializarse y se redujo a la creación de la Fuerza Z, formada por el acorazado *HMS Prince of Wales*, el crucero *HMS Repulse* y los destructores *Tenedos, Vampire, Electra* y *Express*.

BACK THEM UP!

Después de que Estados Unidos hubiera cortado todos los suministros vitales
para la supervivencia de los ciudadanos japoneses, a Japón no le quedaba más remedio
que enfrentarse a las potencias aliadas en Asia y el Pacífico.

Tres días después del ataque a Pearl Harbor, las japoneses se movilizaron en el sudeste contra los británicos y se produjo la batalla naval de golfo de Siam donde la Armada japonesa hundió al *Prinze of Wales* y al *Repulse*. Las peores perspectivas se hicieron realidad poco después, en enero de 1942 cuando el Ejército Imperial japonés ocupó totalmente Malasia y sus fuerzas llegaron hasta Singapur desde tierra, el sector menos protegido, donde se habían concentrado hasta 80.000 soldados británicos australianos e indios que se habían ido replegando desde el norte. Entre el 7 y el 15 de febrero se produjo la batalla que finalmente terminó con la rendición de los británicos.

Otro de los hitos del avance japonés tuvo como objetivo el enclave británico de Hong Kong, la punta de lanza del Imperio Británico en China. En su puerto, eminentemente comercial, tenían también su base algunos buques de la Royal Navy, destructores, dragaminas y lanchas torpederas. Apenas 10.000 hombres defendían el enclave, gran parte de ellos reclutados entre la población civil, británicos, australianos y chinos. El mismo día 7 de diciembre, fecha del ataque a Pearl Harbor, el XXIII Ejército del general Takashi Sakai se lanzó al ataque de la ciudad. Los británicos perdieron en la batalla siete buques en el mismo puerto de Hong Kong, algunos de ellos como el *HMS Barligh*t hundidos por sus tripulantes para evitar que cayera en manos de los japoneses. Veinte lanchas torpederas más fueran echadas a pique por los japoneses y fue gravemente dañado el destructor *HMS Thracian*. El día de Navidad de 1941, la guarnición británica de Hong Kong se rindió a los japoneses del general Sakai. La estrategia Singapur había fracasado estrepitosamente.

El confuso papel de Francia

Todavía en los años treinta, Francia poseía un imperio colonial en el Lejano Oriente, Indochina, que incluía las actuales Vietnam, Camboya y Laos y parte de la provincia china de Zhanjiang que consistía en la concesión de la Bahía de Guangzhou (Kouang-Tchéou-Wan). Al estallar la guerra chino-japonesa en 1937, la costa de Vietnam, en especial el puerto de Hai-Phong, se convirtió en la vía de entrada de armas y suministros para las fuerzas del gobierno chino de Chang-Kai-Chek que luchaba contra las fuerzas de ocupación japonesas.

Además la flota francesa contaba en Extremo Oriente con varias bases más, Saigon en la costa de Vietnam y Yangtze, Shanghai y Canton en China.

En parte por la defensa de su presencia en China y en parte por su intención de convertirse en un gran imperio asiático, Japón puso sus ojos inmediatamente en el sudeste donde persistían las colonias francesas, británicas y holandesas y donde se encontraban los yacimientos petrolíferos de Borneo, Java y Sumatra principalmente. Pero la situación cambió cuando en 1940 Francia cayó derrotada ante Alemania y tras la firma del armisticio entre ambos países, las colonias de Indochina pasaron a ser controladas por el Gobierno de Vichy, teóricamente neutral pero sometido a Alemania. Precisamente en esa zona, Thailandia, Chepón (Laos) y en Borneo existían ya entonces grandes reservas de petróleo que los japoneses necesitaban de una forma vital para su industria y su ejército. A pesar de los acuerdos de la Francia de Vichy con Alemania (y su aliado, Japón) el puerto de Hai-Phong continuó siendo una vía de acceso de armas y suministros para los chinos hasta que las autoridades francesas cedieron a las presiones japonesas para cerrar el ferrocarril que llevaba todo el material de guerra hacia la provincia de Yunan, aún en manos de los nacionalistas chinos. Después de algunas escaramuzas entre el Ejército japonés y el francés, en Lang Son, al nordeste de Vietnam, los japoneses bombardearon Hai-Phong a pesar de los acuerdos firmados con el Gobierno de Vichy que incluso les permitía estacionar hasta 6.000 soldados en el norte de Vietnam. El 26 de septiembre de 1940, violando una vez más los acuerdos con Francia, los japoneses desembarcaron al sur de Hai-Phong y marcharon contra el puerto que ocuparon en pocas horas.

La Marina francesa en Indochina era una fuerza insignificante para enfrentarse a los japoneses pues estaba pensada únicamente para defender el territorio fluvial de la colonia, atravesado por el río Mekong con sus miles de afluentes y su enorme delta. Un crucero, el *Lamotte-Picquet*, varias lanchas cañoneras, avisos*, un submarino y

* Buques pequeños y muy rápidos pensados para las comunicaciones entre los grandes buques.

algunos buques auxiliares formaban los dos grupos navales franceses en la zona.

La situación vivida en el sureste asiático con la guerra chino-japonesa y la presión del Imperio japonés sobre las colonias europeas, se agravó a partir de 1938 con el golpe de Estado en el reino de Thailandia que supuso el alineamiento y la alianza del país con los japoneses. En 1940 el dictador tailandés, Phibun Songkhram presionó a Francia con el fin de adquirir territorios de Camboya y Vietnam supuestamente pertenecientes al antiguo reino tailandés y eso llevó a Francia a un enfrentamiento bélico que se materializó en la batalla naval de Koh Chang donde resultó derrotada la Marina tailandesa. La victoria frente a los tailandeses no sirvió de gran cosa porque Japón presionó para favorecer a su aliado tailandés. En el verano de 1941, el Ejército japonés, unos 50.000 hombres, ocupó la totalidad de Indochina y el puerto de Hai-Phong pasó a ser una base naval japonesa.

Holanda, una fuerza testimonial

Hacia 1920, el gobierno holandés inició la construcción de una gran base naval en la isla de Java con el fin de proteger las colonias y especialmente la producción petróleo ya muy importante en aquellos años. La base de Surabaya se constituyó pronto en una de las mayores del Extremo Oriente y desde luego la más importante de las colonias holandesas. La flota basada en ella constaba de cuatro cruceros ligeros, siete destructores y algunas unidades menores, una fuerza relativamente fuerte pero insuficiente para enfrentarse a lo que se le venía encima. Además de los muelles de atraque de la flota, las instalaciones de Surabaya contaban con una base de submarinos, otra de hidroaviones y un acuartelamiento de Royal Dutch Marines*, infantes de marina. En 1940 el Gobierno holandés dotó a la base de más fondos con la finalidad de ampliar sus instalaciones y equipamientos ante la creciente amenaza japonesa, algo que se hizo vital cuando en

---

* Los Royal Dutch Marines son un cuerpo de élite con gran tradición, fundado en 1665, lo que le convierte en la segunda fuerza de infantería de marina más antigua de Europa después de la española.

julio de ese año, Holanda, Gran Bretaña y Estados Unidos decretaron un embargo comercial a Japón que dejó a su industria sin el 97 por ciento de su necesidad de petróleo, de aceites pesados, de goma y especialmente de quinina para la protección contra la malaria, un medicamento que se producía en las Indias Orientales holandesas casi con exclusividad. La defensa de la colonia contaba con unos 35.000 soldados, un 80 por ciento de los cuales eran nativos suficientemente preparados para el orden interno pero que no eran enemigo para el Ejército Imperial Japonés. Los infantes de marina holandeses estaban destacados principalmente en Java, aunque también había contingentes en Borneo y Sumatra. La fuerza aérea, compuesta de 140 cazas y bombarderos estacionados en la isla de Java eran prácticamente desechos norteamericanos de la Primera Guerra Mundial. A finales de 1940, la colonia holandesa estaba abandonada a su suerte pues la metrópoli, ocupada ya por los alemanes, no podía auxiliarles, así que el único recurso era la alianza con Australia, Gran Bretaña y Estados Unidos que reunían noventa y cuatro buques frente a los más de doscientos navíos japoneses que amenazaban sus costas.

El Imperio japonés, la gran amenaza

En diciembre de 1941, la Armada japonesa contaba con una flota de once acorazados, diez portaviones, dieciocho cruceros pesados, veinte ligeros, casi 150 destructores, un centenar de submarinos, unos doscientos buques menores como dragaminas, patrulleras y barcos de apoyo y un alto número de mercantes armados bajo la jurisdicción militar. La flota se completaba con unos 2.000 aviones de los que casi cuatrocientos estaban ya a bordo de los portaviones. Toda esta poderosa fuerza operaba desde seis bases en territorio japonés, Atsugi, Kure, Maizuru, Hiroshima y los aeródromos de Oroku y Köchi. Además de las bases en territorio japonés, la Armada Imperial contaba con decenas de puertos y fondeaderos adaptados para la marina de guerra y otros importantes puntos de atraque en los territorios ocupados desde Corea hasta el Mar de la China.

El contingente que atacó la base naval norteamericana de Pearl Harbor partió de la bahía de Hitokappu, en las Kuriles, donde se había ido concentrando en secreto.

Después de retirarse de la Sociedad de Naciones, en 1933, Japón se desentendió de los tratados de limitación de armamento y empezó a desarrollar una poderosa marina de guerra que ya había iniciado en los años veinte. En esos años empezaron a construirse los grandes acorazados, como el *Yamato* y todos los de su serie, así como los portaviones, primero con unidades modificadas como el *Kaga* o de nuevo cuño como el *Soryu*. En 1938 estaban ya en servicio los acorazados *Yamato*, *Musashi* y *Shinano* que formarían la base de la flota de ese tipo de buques. En esa línea, dos grandes trasatlánticos el *Izumo Maru* y el *Kashiwara Maru* fueron modificados en 1940 para convertirlos en nuevos portaviones. Ya en plena guerra en Europa, en noviembre de 1940, el Estado Mayor japonés conoció el ataque inglés a la base de la flota italiana en Tarento y esa fue la táctica que, como un regalo, asimiló la Armada japonesa para su operación contra la base norteamericana de Pearl Harbor.

La ocupación de la zona costera de China y de la Indochina francesa, en 1940, había dado a la Armada japonesa dos importantes bases navales como el puerto de Hai Phong en Vietnam y el de Port Arthur (Lüshunkou para los chinos y Ryojun para los japoneses) situado en la costa de lo que hoy es la República Popular China, frente a Corea.

El desarrollo de las operaciones en el Océano Pacífico corrió paralelo al conflicto conocido como Segunda Guerra Chino-Japonesa que se inició en 1937 y finalizó con la Segunda Guerra Mundial en 1945. En 1931 el Imperio japonés se había anexionado la región de Manchuria que Japón amenazaba desde la victoria en la guerra contra Rusia de 1904. Con el nombre de Manchukuo crearon en 1932 un estado teóricamente independiente, un Protectorado de hecho, aunque en 1938, una derrota militar frente a la Unión Soviética, les arrebató parte del territorio. El objetivo más importante en la guerra ruso-japonesa entre 1904 y 1905 fue sin duda Port Arthur, una importante base naval utilizada por la flota rusa desde 1898 en que le fue arrendada por el Gobierno chino. Port Arthur estaba fuertemente fortificado y hasta 1945 se convirtió en el principal punto de control del territorio de Manchuria por parte de los japoneses.

El ansia expansionista japonesa en Asia, al margen de una idea imperialista que había imbuido a la sociedad japonesa tras las gue-

rras con China y Rusia, estaba basada en primer lugar en una necesidad acuciante de materias primas para mantener su producción
industrial y en segundo lugar por el orgullo exacerbado de su esta-
mento militar, con fuerte influencia en el Emperador y en la sociedad en general. Para el Japón, el principal enemigo a principios de
los años cuarenta era sin duda Estados Unidos, pues las potencias
coloniales, Francia, Inglaterra y Holanda estaban inmersas en la guerra europea y poco podían hacer en Extremo Oriente para defender
sus posesiones. Francia y Holanda estaban ocupadas por los alemanes y el Reino Unido amenazado y sometido a los bombardeos de
la Luftwaffe. Fue precisamente el almirante Yamamoto, el alto militar menos proclive a la guerra con Estados Unidos, quien diseñó
los pasos a dar en una guerra que él mismo estaba seguro no podían
ganar. Lo primero era acabar con la Flota norteamericana del Pacífico o al menos con la mayor parte, posteriormente ocupar los territorios del sureste asiático, insulares y de tierra firme, para conseguir
las materias primas necesarias a su industria y en tercer lugar formar
una especie de cinturón de seguridad entorno al Japón dotándose
de bases navales desde las que controlar las rutas marítimas vitales
para el Imperio. Todo eso pasaba necesariamente por la neutralización del poderío norteamericano con la liquidación de su flota fon-
deada en Pearl Harbor, aunque en definitiva Yamamoto sabía que
iban abocados a una guerra defensiva sin posibilidades de victoria.

La estrategia japonesa de asegurarse un cinturón de seguridad y
de obtener materias primas les llevó a la ocupación de Filipinas, Malasia, Singapur, las Indias Orientales Neerlandesas y las islas de Wake,
Gilbert, Nueva Bretaña y Guam, pero sus intenciones eran también
las de ocupar Fiji, Nueva Caledonia y Samoa con el peligro evidente
de amenaza para Australia. A fin de desarrollar todas estas operaciones, el Imperio japonés contaba con su potente flota pero necesitaba también importantes bases aeronavales como punto de partida
y ahí entraba Tulagi y Guadalcanal, en las islas Salomón. El intento
de construir una base naval en Tulagi fue frustrado por una rápida
actuación de los marines norteamericanos, pero en Guadalcanal fue
mucho más complicado. Allí, una dotación de más de 2.000 especia-
listas japoneses y coreanos pusieron en marcha la construcción de

una gran base aérea en el norte de la isla, en el lugar conocido como Punta Lunga. La construcción del aeródromo estaba muy avanzada en octubre de 1942 cuando el mando norteamericano lanzó a 20.000 marines en aquella costa para evitar que entrara en funcionamiento. De haber conseguido ponerla en marcha, los japoneses hubieran trasladado hasta allí un centenar de aparatos de bombardeo y caza bombarderos que hubiera servido como base a la expansión hacia Australia, algo que el Alto Mando japonés no tenía decidido pero era

Yamamoto ordenó el ataque al islote de Midway con la intención de enfrentarse con las fuerzas estadounidenses del Pacífico. La batalla acabó con la derrota de los japoneses y Yamamoto se vio obligado a ordenar la retirada.

un evidente peligro. El aeródromo de Punta Lunga fue bautizado por los norteamericanos como Campo Henderson y en él se desarrolló la parte más importante de la lucha por el control de Guadalcanal.

En Rabaul, en la costa nordeste de la isla de Nueva Bretaña, los japoneses habían instalado su base aeronaval más importante en el sector de Nueva Guinea tras el desembarco efectuado el 23 de enero de 1942. La isla, bajo la administración australiana, contaba apenas con un millar de habitantes y un batallón de soldados estacionado allí desde unos meses antes en prevención de un ataque japonés, en total unos 1.400 hombres contando con la policía local y algunos voluntarios. En poco menos de veinticuatro horas el 144 Regimiento de Infantería japonés conocido como Destacamento Mares del Sur desembarcó en varios puntos, Raluana Point, Kokopo, Kerawun y Vulcano. También Malaguna, al oeste de Praed Point y Nordup. A la mañana siguiente habían ocupado Rabaul. En pocas semanas los japoneses convirtieron la base aeronaval de Rabaul* en la más importante del Pacífico

---

* Hoy en día es un museo. Se pueden consultar datos en http://www.pacificwrecks. com/provinces/png_rabaul.html

Sur instalando allí sus cuarteles generales. En poco tiempo ampliaron los dos aeródromos existentes y construyeron cuatro más empleando para ello a centenares de prisioneros aliados. En su momento álgido, el complejo llegó a albergar 97.000 soldados, marineros y técnicos. Según estimaciones norteamericanas, Rabaul estaba defendida por cerca de 400 piezas de artillería antiaérea y 43 cañones costeros. En los meses siguientes, sobre todo cuando la ofensiva de los aliados se hizo más patente, los japoneses llegaron a construir en la zona más de setenta kilómetros de instalaciones subterráneas, depósitos, hospitales y búnkers de defensa. Años después de terminada la guerra aún se iban encontrando nuevas dependencias bajo tierra alrededor del complejo. Los generadores eléctricos instalados por los japoneses para dotar de energía a todo ese entramado estuvieron funcionando hasta 1952.

Ulithi y Truk

A los 7° y 35' N y 151° 50' E se encuentra el atolón de Truk, también llamado Chuuk o Faichuk perteneciente en la actualidad a la Federación de Micronesia. Formado por ocho islas y algunos arrecifes de coral, tiene una superficie de 2.100 kilómetros cuadrados y una gran laguna interior. Fue descubierto en 1521 por Fernando de Magallanes y tomó posesión de ellas, deshabitadas, en nombre de la Corona española. Posteriormente se les dio el nombre de Carolinas Españolas a la serie de islas en el Pacífico de las que Truk formaba parte. En 1885, fuerzas alemanas las ocuparon lo que provocó un conflicto diplomático con España que se saldó finalmente con la compra del archipiélago a España por parte del Gobierno alemán. En 1914 el atolón le fue cedido a Japón, que formaba parte de los aliados contra Alemania, firmando un pacto con Estados Unidos para la desmilitarización del lugar. Pero en 1935, las cosas habían cambiado y Japón rompió el pacto e inició la construcción de instalaciones militares, primero una cárcel y posteriormente una base aérea, un hospital y finalmente un campo de prisioneros, aunque todo ello no fue más que el preludio de una creciente militarización del atolón. En 1941 era ya la más importante base aeronaval japonesa en el Pacífico, aunque dentro del más estricto secreto y de la que los norteamericanos no tenían la menor noticia. Ya muy avanzada la guerra, en 1944, Truk seguía siendo un misterio y nada se sabía de lo que sucedía en aquel lugar. La agencia oficial española, EFE, publicaba la siguiente noticia en febrero de 1944: «Londres 17. 12 noche. La base japonesa de Truk posee, según se cree, instalaciones suficientes para acoger a todos los buques conocidos de la Flota nipona. Se conocen, sin embargo, pocos detalles de las instalaciones. Truk es pilar de la estrategia naval japonesa en el Pacífico Central.EFE». La base de Truk era capaz de acoger a buques del porte del acorazado Mushashi, de 71.000 toneladas y 2.800 hombres de tripulación. En sus pistas de aterrizaje se albergaban más de trescientos aviones y fue básica en el apoyo de la Flota Combinada japonesa que atacó Pearl Harbor y luchó en Midway.

Otra base japonesa en las islas Carolinas estaba situada en el atolón de Ulithi en las coordenadas 10° 00' N, 139° 40' E, a 93 millas al sureste de Guam y 370 millas al noreste de Peleliu. El atolón está compuesto por cuatro grupos de islotes y un atolón no cerrado en el extremo oriental. Todo ello le da una superficie de terreno de 4,53 kilómetros cuadrados. El atolón fue descubierto en 1525 por el portugués Diego de Rocha y alrededor de 1731 fue ocupado por los españoles hasta la guerra con Estados Unidos en 1898 en que la derrota les obligó a venderla a Alemania con el consentimiento de Estados Unidos. Al igual que Truk, fueron cedidas a Japón en la Primera Guerra Mundial y fue utilizada por la Armada japonesa como base de aprovisionamiento pero en mucha menor medida que Truk.

Sorpresa o engaño

El ataque a Pearl Harbor el 7 de diciembre de 1941 ha sido estudiado en decenas de libros, películas y reportajes, pero nunca ha desaparecido la sospecha de que para el mando norteamericano no fue el ataque por sorpresa que siempre se ha dicho, sino que tenían conocimiento de él e incluso que, de algún modo, lo provocaron para entrar en la Segunda Guerra Mundial a pesar de la oposición de una mayoría abrumadora de la población. Las sospechas sobre el conocimiento que las más altas instancias del país tenían del inminente ataque se empezaron a levantar en 1982 cuando el marino, periodista y fotógrafo Robert Stinnett, que había sido tripulante de varios buques durante la Segunda Guerra Mundial, leyó los libros publicados por el historiador Gordon

El 7 de octubre de 1940, el Teniente Comandante Arthur McCollum supuestamente entregó una propuesta para provocar a los japoneses a atacar a los Estados Unidos.

Prange alrededor de Pearl Harbor y de la guerra en Extremo Oriente. Stinnett descubrió incongruencias en los informes oficiales y muchas zonas oscuras señaladas por Prange y después de años de trabajo y de exhaustiva investigación llegó a la conclusión de que el Alto Mando norteamericano conocía perfectamente el plan de ataque japonés a Pearl Harbor y que no hizo nada para evitarlo y lo que es peor, no dio aviso a las autoridades militares de la base por lo que no pudieron tomar las precauciones debidas. Stinnett publicó finalmente *Day of Deceit, Día del engaño* cuyo título indica ya claramente la tesis mantenida: el ataque «por sorpresa» fue un engaño.

Stinnet tenía 16 años cuando los japoneses bombardearon Pearl Harbor. Había nacido en la ciudad californiana de Oakland y todavía en la escuela secundaria ya publicaba fotografías en el Oakland Tribune. Se alistó en la Armada nada más cumplir los 18 años, en 1942 y fue enviado a la escuela de fotografía donde conoció al que sería presidente George H. W. Bush y ambos cumplieron su primer destino en el portaviones *USS San Jacinto*, un crucero reconvertido en 1943. En la actualidad (2016) Stinnett es consultor en el prestigioso Independent Institute de California.

El documento que a juicio de Stinnett demuestra el fraude fue el informe redactado por el comandante Arthur H. McCollum, oficial de Inteligencia Naval, quien un año antes del ataque, a finales de 1940, redactó un memorándum* donde recomendaba ocho acciones concretas para provocar a Japón y facilitar así la entrada de Estados Unidos en la guerra sin violar el Acta de Neutralidad.

* El documento original se puede ver en http://whatreallyhappened.com/WRHARTICLES/McCollum/index.html

Estas ocho medidas, muchas de ellas llevadas a cabo por el
Gobierno del presidente Roosevelt, eran las siguientes:

1. Llegar a un acuerdo con Gran Bretaña para el uso de sus
bases en el Pacífico, sobre todo la de Singapur.
2. Llegar a un acuerdo con Holanda par usar sus bases y aprovisionarse con los productos de las Indias Holandesas.
3. Proporcionar ayuda militar y económica al gobierno chino
de Chang-Kai-Chek en guerra con los japoneses.
4. Enviar una flota de cruceros pesados y estacionarlos en Filipinas o Singapur.
5. Enviar una flotilla de submarinos al Pacífico Occidental.
6. Trasladar la base norteamericana de la flota del Pacífico
desde San Diego a Hawai.
7. Presionar a Holanda para negar a Japón los suministros que
recibía hasta el momento desde sus colonias, en especial petróleo.
8. Embargar completamente el comercio de Japón con Estados Unidos y el Reino Unido.

No existe constancia de que el presidente Roosevelt recibiera el memorándum, de hecho los enemigos de la tesis de Stinnett aseguran
que nunca llegó a sus manos, pero el hecho indudable es que Estados
Unidos llevó a cabo casi todo lo expuesto por McCollum.

El hombre en el origen de los trabajos de investigación de Stinnett, Arthur H. McCollum, había nacido precisamente en Japón, en
la ciudad de Nagasaki el 4 de agosto de 1898, hijo de un matrimonio
de misioneros baptistas. Ingresó muy joven en la Academia Naval
de Annapolis donde se graduó en 1923 e inmediatamente fue enviado a Japón, donde durante tres años perfeccionó sus sólidos conocimientos del idioma, la sociedad y la política japonesa. Entre sus
especialidades se destacó su preparación en el arma submarina, pero
su amplia formación sobre Japón y el Extremo Oriente le hizo ser
reclutado por los servicios de Inteligencia. Entre 1936 y 1938 fue Jefe

de Inteligencia del Cuartel General de la Armada y en 1940 confeccionó el llamado «Memorandum McCollum». Ya en plena guerra con Japón, entre 1942 y 1945 ostentó diferentes cargos de Inteligencia, Director de Inteligencia Naval Aliado en la Pacífico Sudoriental, Subjefe de Estado Mayor para la Inteligencia de la Séptima Flota y Comandante de Inteligencia en la Séptima Flota hasta el final de la guerra. Aunque se retiró del servicio activo en 1951, fue llamado de nuevo en 1953 para ayudar en la creación de la CIA, la nueva Agencia de Inteligencia heredera del la OSS.

Otros autores* han considerado que el ataque por sorpresa a Pearl Harbor fue más bien producto de una serie de ineptitudes, fallos y dejadez de los mandos norteamericanos, en especial del almirante Husband E. Kimmel, Jefe de la Flota del Pacífico y del general Walter Short, comandante en jefe de las fuerzas de defensa en las islas y responsable de la seguridad de la flota amarrada. Hubo señales e informes que situaban a buques japoneses en ruta hacia el este y señales de radar que hubieran dado tiempo para lanzar los aviones norteamericanos contra los japoneses, pero la cadena de mando no funcionó y nadie tomó las decisiones oportunas. Por otro lado, a pesar de las señales agresivas por parte de los japoneses, no se instalaron redes antisubmarinas, no se lanzaron globos cautivos contra los aviones ni se tomó la precaución de separar los buques atracados de costado o de tener los aviones listos y armados para despegar. En definitiva, falta de mando como así quedó claro con la destitución y degradación de Kummel y la de Short.

2.2. La situación en el Mediterráneo

Gibraltar

En junio de 1940, cuando Francia se rindió y firmó la capitulación ante Alemania, el Estado Mayor Alemán, preparó inmediatamente la Operación Félix que era la posibilidad de atravesar España para

---

* Luis de la Sierra. *La guerra naval en el Pacífico.*

tomar la plaza británica de Gibraltar sin tener que hacerlo por mar, lo que era harto difícil dada la potencia de la Flota Británica. Félix se fue modificando tal y como pasaba el tiempo y finalmente se abandonó ante las reticencias del general Franco y el desarrollo de los acontecimientos, en especial la campaña de Rusia, que hicieron desistir al Alto Mando alemán del asalto a Gibraltar.

La plaza de Gibraltar, aparte de un peñón con escasos recursos, era (y es) básicamente una base para la Royal Navy que garantiza su entrada en el Mediterráneo. Desde su ocupación por Inglaterra en 1704, el peñón se convirtió en una base naval y a principios de los años veinte del siglo pasado se construyó un astillero, pero fue a finales de 1935 cuando se puso a punto la base aérea en el istmo, que lo une a la península, invadiendo de hecho territorio español no cedido por el tratado y que fue convertida en una base totalmente operativa en 1938. Nada más estallar la guerra, Gibraltar se convirtió en el enclave más importante del Reino Unido en el sur de Europa que garantizaba, o al menos mantenía abiertas las comunicaciones con Malta y Egipto, bajo mandato británico. En ese sentido y para soslayar los problemas con el Gobierno español, los británicos aseguraron que la finalidad del nuevo aeródromo era únicamente la de apoyar la presencia de portaviones en la base naval y le aseguraron que no habría ninguna violación de las aguas o el espacio aéreo español. La Fuerza H, formada en 1940 a las órdenes del vicealmirante James Somerville tuvo su base en Gibraltar, formada por tres portaviones, *HMS Ark Royal, HMS Eagle* y *HMS Illustrious*, una veintena de cruceros y acorazados y un número aún mayor de destructores y buques auxiliares. Desde Gibraltar se iniciaron operaciones básicas en la guerra como el ataque al puerto de Tarento, la defensa de Malta, y las invasiones del norte de África, de Sicilia y de Italia.

La primera acción ofensiva del *HMS Eagle* en la Segunda Guerra Mundial fue su participación en la caza del *Admiral Graf Spee*.

El hombre que dirigió la Fuerza H hasta mayo de 1942 fue el vicealmirante James Sommerville, sustituido por el vicealmirante sir Henry Harwood que estuvo al mando hasta el final de la guerra. Harwood era el hombre que había dirigido la que pasaría a la historia como Batalla del Río de la Plata donde se echó a pique al *Graf Spee*, el corsario alemán más famoso.

Haywood era londinense, nacido en enero de 1888 hijo de una familia de clase media, con padre abogado de prestigio. Tuvo una elitista educación en dos de los mejores colegios de Londres, la Foster School y la Stubbington School House, una escuela naval de preparación para la Armada. En 1903 se graduó como cadete y se embarcó como guardiamarina al año siguiente en el buque escuela *HMS Britannia*. En 1908 alcanzó el grado de teniente y se especializó en torpedos, un arma que en aquellos años previos a la Primera Guerra Mundial ya se veía como un arma de futuro. Su ascenso en la Marina Real fue fulgurante, fue ascendido a Comodoro y se le dio el mando de la División Sudamericana de Cruceros con base en las Bermudas y en 1939 se reforzó la División asignándole los cruceros *HMS Cumberland, HMS Exeter* su buque insignia, *HMS Achilles* y *HMS Ajax* participando en la batalla de Mar del Plata. En 1942 Henry Harwood fue nombrado jefe de la Flota del Mediterráneo pero fue relevado del mando unos meses después con soterradas acusaciones de incompetencia sobre todo desde el punto de vista del mariscal Montgomery, cuyas fuerzas en el norte de África dependían de los suministros que debía garantizar la flota. De un modo discreto fue relegado al mando de las bases navales en las Hébridas y las Orcadas hasta el final de la guerra sin tomar parte en acción militar alguna, lo que consideró un retiro más o menos honorífico. Se retiró al final de la guerra, en 1945 y falleció el 9 de junio de 1950 a los 62 años de edad en su casa de Goring-on-Thames, Oxfordshire.

El caso de Malta

Al principio de la guerra la isla de Malta formaba parte del Imperio británico desde la firma del tratado de París de 1814 que puso fin a las guerras napoleónicas y hasta mediados de la década de los años treinta La Valetta había sido la base de la flota británica del Mediterráneo oriental trasladada entonces a Alejandría. No obstante, la situación geográfica de Malta la hacía vital en las comunicaciones entre el estrecho de Gibraltar y el canal de Suez y por tanto con la India. Al estallar la guerra, y debido al traslado de la base a Alejandría, en la isla había solo un aeródromo sin terminar, Luqa, una guarnición de 4.000 soldados británicos y tres obsoletos biplanos Gloser Gladiator a lo que había que añadir, o restar según se mire, suministros para apenas tres semanas y su situación a 57 millas de Sicilia y 190 de Trípoli, en la colonia italiana de Libia, cuando Italia estaba punto de entrar en la guerra contra el Reino Unido. A principios de julio de 1940, ante la importancia que el enclave de Malta iba adquiriendo, los británicos enviaron un escuadrón de la RAF, el 261 con aviones Hurricane y poco a poco el cielo de Malta se convirtió en un escenario de guerra semejante al de Londres con bombardeos casi diarios y combates en el cielo donde se perdieron más de 2.000 aviones ingleses, alemanes e italianos. A mediados de 1941 ya había dos escuadrones aéreos más en Malta y el trasiego de barcos en La Valetta era continuo. A partir de 1942 Malta demostró que podía resistir los ataques de las fuerzas del Eje y finalmente terminó siendo una plataforma vital para el desembarco de las fuerzas aliadas en Sicilia.

La fortaleza de Alejandría

El puerto de Alejandría había sido una importante base naval desde la antigüedad debido a su magnífica situación en el delta del Nilo a escasa distancia de Chipre y de Creta. Fue Alejandro Magno quien fundó la ciudad y ordenó la construcción de los primeros diques y malecones, de unos 1.250 metros, uniendo la isla de Pharos con tierra firme y abriendo así dos puertos. Uno de ellos, el oriental era tan profundo que incluso hoy en día permite atracar buques de gran calado. El 13 de septiembre de 1882, Egipto fue declarado protectorado británico después de un enfrentamiento con elementos antioccidentales y ese estatus se mantuvo hasta 1946, pero fue ante el inminente estallido de la guerra en Europa, cuando los británicos consideraron a Alejandría como el punto estratégico más importante para la defensa del Mediterráneo Oriental y sobre todo del Canal de Suez. En 1939, después del traslado de la base de la flota del Mediterráneo desde Malta, la Royal Navy remolcó desde Portsmouth un gran muelle flotante con capacidad para el atraque de grandes navíos. Medía casi 180 metros de largo por 20 de ancho e hizo del puerto de Alejandría una base esencial para mantener el control del Mediterráneo Oriental y entorpecer el suministro al África Korps de Rommel. En Alejandría tenían su base los acorazados *HMS Queen Elizabeth*, *HMS Barham* y *HMS Valiant* además de buques menores. La base, una auténtica fortaleza, estaba rodeada por un perímetro de cerca de cuarenta millas con minas hasta 10 metros de profundidad que podían ser detonadas a distancia, redes antisubmarinas y cables de alarma que se complementaban con los bajíos naturales que convierte el puerto en inexpugnable.

Tarento
Tarento, ubicada al sur de Italia, en el golfo que lleva su nombre, ha sido un puerto de gran importancia desde hace más de dos mil años y desde entonces ha albergado siempre una base naval. En 1939 la base, al mando del vicealmirante Antonio Passeti, era considerada de alta seguridad, comparable a la de Pearl Harbor y los estrategas italianos creían imposible cualquier ataque por mar. Tarento estaba defendida por 21 baterías antiaéreas dotadas de 101 cañones antiaéreos y 193 ametralladoras. Había 13 estaciones de escucha, 22 proyectores de gran potencia y 87 globos cautivos contra la aviación. El acceso por mar estaba protegido por una red antisubmarina de 4.900 metros de longitud y 10 metros de profundidad. Allí estaba atracada la mayor parte de la Regia Marina Italiana al mando del almirante Inigo Campioni; los acorazados *Littorio, Vittorio Veneto, Caio Duilio, Andrea Doria, Conte di Cavour* y *Giulio Cesare*, los cruceros *Pola, Zara, Goritzia, Fiume, Trento, Trieste, Bolzano, Abruzzi* y *Garibaldi*, el portahidroaviones: *Miraglia* y ocho destructores.

Tanto el almirante Campioni, como el Alto Mando italiano e incluso el Duce Mussolini creían que la sola existencia de la potente marina italiana, la cuarta del mundo en aquel momento, era suficiente para disuadir a los británicos de internarse en el Mediterráneo por lo que la mayor parte de la flota de superficie estaba concentrada en la base Tarento, fuertemente protegida pero sin una estrategia de patrulla por mar abierto.

Toulon

Aparte de su presencia en Alejandría, la flota francesa contaba con importantes bases en el Mediterráneo, en especial la de Toulon en el sur de Francia y las de Sousse en Túnez, Argel y Bizerta en Argelia y Beirut en el Líbano. La rada de Toulon es uno de los mejores fondeaderos naturales en el Mediterráneo y el más grande de Europa, protegido del mar por la península de Giens y la península de Saint-Mandrier-sur-Mer. Aunque se había usado en la antigüedad, el moderno puerto de Toulon se desarrolló a partir de 1514 y se convirtió en base de la marina de guerra entre 1604 y 1610 cuando se lo dotó del arsenal militar, del astillero y de las defensas exteriores. A lo largo de principios del siglo XX, el arsenal y el puerto se fue ampliando hasta convertirlo en la base más importante de la flota francesa. Las primeras fragatas francesas y sus submarinos se construyeron a finales del siglo XIX en sus astilleros y allí tenían su base los navíos más importantes de la Flota, el portahidroaviones *Teste*, los acorazados *Provence* y *Bretagne*, o los cruceros pesados *Colbert, Dupleix, Foch* y *Suffren*.

2.3. El Atlántico

Un fiordo llamado Scapa Flow

Las Islas Británicas contaban en 1939 con innumerables puntos de atraque y abastecimiento para su flota y con tres principales bases, las de Devonport-Plymouth, y la de Portsmouth en el Canal de la Mancha y la de Scapa Flow en Escocia. La base naval de Devonport era la más grande base naval de Europa, utilizada por la Royal Navy desde 1691 con una extensión de más 260 hectáreas y dotada de una decena de diques secos. En cuanto a Portsmouth, su utilización por la Flota data de 1194 y en ella recalaban en 1939 más de la mitad de los buques de superficie de la Royal Navy.

Usado como refugio para los barcos desde hace mil años, la rada de Scapa Flow en las islas Orcadas albergaba durante la Primera

Guerra Mundial y el principio la Segunda, la base de Lynnes, la principal de la Royal Navy en el Atlántico Norte. Con una profundidad máxima de casi 60 metros, 30 de promedio y a cubierto de los vientos, se consideraba un refugio seguro desde tiempo inmemorial y que incluso había sido utilizado por los navegantes vikingos. Su extensión, un cuadro de 14 millas de ancho por 20 de largo, la hace adecuado para fondear en él a toda una flota. Durante las dos guerras mundiales, los accesos se protegieron con buques hundidos y redes antisubmarinas, pero no siempre fueron todo lo eficaces que era de desear. Durante la Primera Guerra Mundial, en 1916, fue hundido muy cerca de la base el *HMS Hampshire* y el 9 de octubre de 1917, el *HMS Vanguard*, aunque no se pudo asegurar que fuera un torpedo la causa del hundimiento. Lo que sí se comprobó es el intento de dos submarinos alemanes de entrar en la rada, el *SM U-18* y *SM U-116*. Scapa Flow pasó no obstante a la historia cuando al final de la Primera Guerra Mundial, firmado el Tratado de Versalles que establecía la eliminación de la flota de guerra alemana. Casi setenta buques desde acorazados como el *SMS Hindenburg**, de 28.000 toneladas, hasta una veintena de destructores fueron hundidos en las aguas más profundas de la bahía.

Al principio de la Segunda Guerra Mundial, el Almirantazgo consideró que era demasiado peligroso mantener en Scapa Flow a la mayor parte de la flota y aunque mantuvo las instalaciones de la base de Lymess procuró distribuir los buques por diversos puertos.

Las bases alemanas
Si Portsmouth era la principal base naval británica en Europa, la de Wilhelmshaven era sin duda la más destacada de las bases navales alemanas. El puerto de Wilhelmshaven poseía en 1939 diez grandes dársenas con tres accesos a mar abierto de unos quince metros de profundidad, siempre accesibles a causa de las favorables mareas. Fue en 1940 cuando se planeó la construcción de un gigantesco búnker para la protección del puerto pero la construcción retrasó a causa de la

* El Hindenburg fue recuperado del fondo en 1920.

invasión de Francia y no fue hasta 1944 que se completó. Como otras bases navales alemanas, la de Wilhelmshaven acabó siendo más una base de submarinos dada la escasa presencia de la flota de superficie alemana.

La segunda base en importancia, Kiel, está situada en el canal frente a la ciudad del mismo nombre. Su amplísima dársena era utilizada como base naval desde la década de los años ochenta del siglo XIX. Fue en1848 cuando la flota prusiana se trasladó desde Konisberg, la actual Dantzig en Polonia, hasta Kiel. El Canal de Kiel tiene una anchura media de 45 metros y unos 14 de profundidad con una longitud de 96 kilómetros desde la ciudad hasta la desembocadura del río Elba. El puerto propiamente dicho mide unos 8 kilómetros de largo y 1 de ancho y con un estrechamiento en su desembocadura y escasa influencia de las mareas, lo que lo hace ideal como amarradero. En 1877 se inició la construcción de grandes astilleros como el

Deustsche Werke o el Germaniawerft e inmediatamente salieron de allí los grandes buques, *Falke* en 1891, *Hilderbrand* en 1893, *Hagen* en 1894, *Aegir* en 1896 y los cruceros acorazados *Furst Bismarck* en 1897, *Prinz Heinrich* en 1900, *Prinze Adalbert* en 1903, *Roon* en 1905, *Blucher* en 1909 y en 1912 el acorazado *Kaiser*. En 1939 la base de Kiel poseía ya importantes instalaciones portuarias y base para los submarinos y entre 1941 y 1944 se construyeron dos enormes búnkers llamados Kilian y Konrad para la defensa de los U-Boat. Kiel fue la sede de la marina alemana a lo largo de la Segunda Guerra Mundial y la sede de la academia naval alemana fundada en 1872.

Otras bases navales en el Atlántico que ejercieron alguna influencia durante al guerra fueron las francesas de Brest, Cherburgo, Lorient, El Havre, Dunkerque, St Nazaire, La Rochelle, La Pellice y Burdeos, muchas de ellas como las de Brest o La Rochelle convertidas en bases de submarinos alemanes tras la ocupación.

3

El teatro de operaciones del Pacífico

3.1. Pearl Harbor

Tai Sing Loo, nacido en Kwangtung
En la mañana del 7 de diciembre de 1941, un fotógrafo llamado Tai Sing Loo se disponía a tomar algunas fotografías del sargento del cuerpo de marines Charles R. Christenot y de los hombres de su pelotón en la entrada del Navy Yard, el cuartel de los marines en Pearl Harbor. La sesión estaba prevista entre las 8´30 y las 9´30 de la mañana pero media hora antes, a las 8, la Armada japonesa dirigida por el almirante Isoroku Yamamoto había iniciado el ataque contra la base norteamericana. Tri Sing Loo era fotógrafo oficial de la base naval de Pearl Harbor desde 1919. En el momento del ataque japonés, Loo tenía 55 años y un largo historial como fotógrafo pues su trabajo había documentado tanto la base naval como la mayor parte de los navíos fondeados en ella, incluyendo el personal militar y civil de la base y sus alrededores. Además de los buques, personal e instalaciones de la Armada, Loo había hecho centenares de fotografías civiles y paisajísticas de las Hawai que forman aún hoy en día un documento esencial para conocer el antes y el después del bombardeo. Cámara en mano, Loo fotografió en ese día desde los aviones alcanzados sobre las pistas de Wheeler hasta la agonía del *USS Arizona* y los «Zero» japoneses sobrevolando la base. Pero el trabajo de Loo ya era famoso mucho antes del bombardeo de la base de Pearl Harbor y lo siguió siendo después. Sus instantáneas del «desastre del puerto de Chica-

go» del 17 de julio de 1944, cuando estallaron las municiones que se estibaban con destino al Pacífico, se exhiben todavía en los museos de Estados Unidos. En aquel desastre murieron trescientos veinte marineros y civiles y Loo realizó una serie de magníficas fotografías de los buques y los muelles envueltos en llamas. Entre los trabajos previos de Tai Sing Loo figura una amplia colección de fotografías de los nativos hawaianos y algunas espectaculares de la erupción del Kilauea, el volcán más importante de las islas.

Tai Sing Loo, nacido en Honolulu, era miembro de una familia de emigrantes chinos llegados a Hawai en 1880. Tenía cinco hermanos y su padre, Sam Choy Loo provenía de Kwangtung, llegado a Hawai a bordo de un buque de emigrantes llamado Cassandra. Tai Sing Loo fue el único miembro de la familia que adoptó el cristianismo y seguramente eso le facilitó el trabajo y la integración hasta el punto de ser contratado por la Armada como fotógrafo. En 1909 empezó a trabajar como fotógrafo para la galería de arte Gurray de Honolulu y allí empezó a hacer fotografías para los marinos de la flota hasta que en 1918 la Armada le contrató como fotógrafo oficial de la base. Su fe cristiana y su matrimonio con una mujer no china, hawaiana, le supuso ser repudiado por su familia y dejar de formar parte de la influyente y numerosa colonia china de las Hawai, pero por contra se convirtió en el fotógrafo más destacado de las islas. Como fotógrafo de la base naval dejó constancia de todos los actos oficiales pero también de la vida en las islas, sobre todo de la belleza de los volcanes que fotografió para la Interisland Steamship Company. Trabajó para la Marina hasta su jubilación en 1949 y murió en 1971.

Un vaquero en los marines

Esa trágica mañana del 7 de diciembre, un Plymouth modelo 1930 circulaba por la carretera que desde Honolulu se dirige hacia Ewa Beach. Su conductor y único ocupante era el teniente coronel Claude A. Larkin, jefe del destacamento de marines de Ewa quien, alarmado por las confusas noticias de un ataque aéreo, se dirigía hacia la base que mandaba. En una recta por la que circulaba a buena velocidad se topó de pronto con un cazabombardero japonés que, a baja altura, disparó contra él ráfagas de ametralladora de 7'70 milímetros. Larkin

La Armada japonesa dirigida por el almirante Isoroku Yamamoto
realizó el ataque contra la base norteamericana de Pearl Harbor
la mañana del domingo 7 de diciembre de 1941.

saltó del vehículo y se lanzó de cabeza a la zanja junto a la carretera.
El avión no repitió el ataque por lo que Larkin volvió al Plymouth y
continuó su loca carrera hacia la base. A punto de entrar en ella, el
vehículo fue atacado de nuevo por una formación de aviones en los
que reconoció sin duda a los Zero japoneses, los Mitsubishi A6M. El
espectáculo en la base era sobrecogedor. La totalidad de los aviones,
48 Grumman F4F Wildcat, habían sido destruidos en tierra, las instalaciones ardían por los cuatro costados y el caos era total. Larkin se
hizo cargo de la situación inmediatamente, organizó la defensa de la
base ante otro inminente ataque y dispuso la evacuación de los heridos y la lucha contra las llamas. A los pocos minutos de su llegada se
produjo un tercer ataque por parte de los aviones japoneses repelido
a base de armas ligeras y ametralladoras recuperadas de los aviones
en llamas. Larkin resultó herido en la mano, en un pie y en la parte

alta de la pierna, pero consideró que no tenía tiempo para ser atendido por los médicos y continuó organizando la defensa.

La destrucción de la base fue casi total, pero milagrosamente las bajas no fueron muy elevadas y Larkin gestionó el desastre de manera eficaz por lo que fue ascendido a coronel y unos meses después a general de brigada. Desde ese rango se encargó de la organización y planificación de las actividades aéreas del Cuerpo de Marines en la zona de Hawai y participó en la defensa de la isla de Wake y en las batallas de Midway y las Salomón. Por todo ello recibió su primera condecoración, la Legión del Mérito. Su fulgurante carrera le llevó, como general de división, a dirigir la primera Ala de la Flota Aérea de la Marina en Okinawa y posteriormente fue ascendido a Comandante General de la Flota Aérea de la Marina en la costa oeste de Estados Unidos hasta su retiro en 1946.

Larkin era un muchacho de campo, nacido en junio de 1881 en el pequeño pueblo de Garfield, en el estado de Washington. Su adolescencia transcurrió trabajando de granja en granja en su estado natal y en el cercano de Oregón, un auténtico vaquero que sin embargo encontró tiempo para hacer algunos estudios en la Universidad del estado de Washington. En 1915, en un viaje llevando ganado a Chicago en la mejor tradición de los vaqueros del lejano oeste, se enteró de que en Europa había una guerra y sin pensárselo dos veces se alistó en los marines, allí mismo, en Chicago. Era el 31 de diciembre de 1915. Su primer destino fue a bordo del acorazado *USS Oklahoma* y posteriormente fue enviado al histórico cuartel de los marines en el astillero naval de Filadelfia. En él estaba cuando fue seleccionado para ser enviado a la Escuela de Oficiales de donde saldría en julio de 1917 con el grado de segundo teniente. Entre 1918 y 1939 Larkin estuvo destinado en la base de Guantánamo y en la fuerza expedicionaria enviada a China hasta que, en 1930, fue remitido a la escuela de aviación de la Estación Aérea Naval de Pensacola, en Florida, para recibir su formación como piloto. Poco después, el 20 de enero de 1931, se casó con Helen Coolidge, la joven a la que había conocido en su época de vaquero en Oregón. Al estallar la guerra, y ante la creciente presión japonesa en Asia, Larkin fue enviado al Pacífico con la misión de poner al día la fuerza aérea de la Marina en Hawai donde le sorprendió el ataque japonés. Claude A. Larkin, licenciado con el grado de Teniente General, falleció en el Hospital de la Base Aérea de Riverside el 2 de noviembre de 1969 a la edad de 78 años. Su esposa Helen le sobrevivió menos de tres años y falleció el 16 de enero de 1972.

Un capellán, un héroe

El 16 de diciembre de 1941, el comandante Jesse L. Kenworthy, Jr., oficial ejecutivo y capitán del *USS Oklahoma* en el momento del ataque japonés a Pearl Harbor, emitía este informe al Comando de la Flota: «Al llegar a la banda de estribor, me encontré con el capitán de corbeta Hobby, el primer oficial, y con él llegué a la conclusión de que el barco se estaba convirtiendo en insostenible y que debía hacerse un esfuerzo para salvar el mayor número posible de hombres. La orden de abandonar el barco se hizo pasar de mano en mano y los hombres se dirigieron a salir por el costado de estribor caminando y trepando por el costado del buque y por su parte inferior. Casi al mismo tiempo, otra fuerte explosión se sintió en el lado de babor y el barco comenzó a darse la vuelta rápidamente». El *USS Oklahoma*, un acorazado de la clase Nevada, de 27.000 toneladas, había sido alcanzado por tres torpedos en los primeros minutos del ataque japonés. Se encontraba atracado en el muelle conocido como Foxtrot 7 en Battleship Row, de costado con el crucero de batalla *USS Maryland*, con la mayoría de sus 864 tripulantes a bordo. Inmediatamente, cuando ya el buque escoraba mortalmente tocado, dos torpedos más hicieron blanco en él. A los doce minutos, los mástiles del buque ya tocaban el fondo de la rada y 429 marineros, oficiales y marines perdieron la vida o desaparecieron en el ataque.

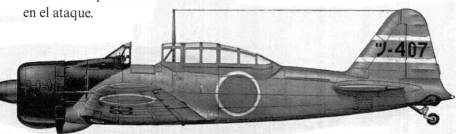

El Mitsubishi A6M Zero (o Zeke) fue un avión de caza de combate embarcado japonés, que voló tanto para el ejército imperial, como para el servicio aéreo de la marina imperial, durante la Segunda Guerra Mundial.

Muchos de los fallecidos lo fueron atrapados en el interior del buque sin posibilidades de salir de una trampa mortal a pesar de que hubo esfuerzos heroicos por sacarles del interior del buque. Ese día, en el *USS Oklahoma* se produjo una baja que ha pasado también a la pequeña historia de la guerra, la del capellán católico Aloysius Schmitt, el primer capellán militar norteamericano, de cualquiera de las confesiones religiosas, fallecido como consecuencia de la guerra.

El capellán acababa de decir misa cuando sonó la alarma e inmediatamente se produjeron las tres primeras explosiones de los torpedos. Tras los primeros minutos de confusión, Schmitt corrió a la enfermería donde se afanó en atender a heridos y moribundos y cuando se recibió la orden de abandonar el buque, consiguió llegar con una veintena de tripulantes hasta una dependencia con solo un ojo de buey. Uno a uno los hombres atrapados fueron saliendo por el estrecho ventanuco, con todas las dificultades imaginables. Schmitt se quedó el último y cuando ya estaba encajado en el ojo de buey se dio cuenta que llegaban una docena de hombres más al pequeño compartimento ya a punto de ser anegado por el agua. Sin pensárselo, el capellán ordenó a los que ya habían salido que le empujaran de nuevo hacia adentro para dejar que salieran los recién llegados. Según los compañeros que pudieron salvarse, el capellán continuó ayudando a los hombres a ponerse a salvo, hasta que se inundó el compartimento y Aloysius Schmitt ya no pudo salir con vida. Pocos minutos después el *USS Oklahoma* dio la vuelta completamente y sus mástiles se empotraron en el fondo arenoso.

Schmitt había ingresado en la Armada en junio de 1939 con el grado de teniente después de pasar varios años como sacerdote en diversas diócesis y su primer destino fue el USS Oklahoma. Había nacido en diciembre de 1909 en la pequeña población agrícola de San Lucas, en el estado de Iowa y se graduó en la Universidad de Columbia en 1932 estudiando después para el sacerdocio en Dubuque y trasladándose después a Roma donde terminó sus estudios y en diciembre de 1935 recibió el orden sacerdotal. Después de ejercer en su ciudad natal y en la ciudad de Cheyenne, en Wyoming, recibió el permiso del arzobispo Francis J.L. Beckman para incorporarse a la Armada. A título póstumo, Schmitt recibió la Medalla de la Armada, la del Cuerpo de Marines y el Corazón Púrpura. En su ciudad natal se construyó una capilla en su honor, la de Cristo Rey y varios buques de la Armada han llevado su nombre.

George y el Oklahoma

«Yo era marinero de intendencia, asignado a dormir en la popa, en la cubierta más baja del USS Oklahoma atracado en Pearl Harbor. Estaba saliendo de mi litera poco antes de las 8 de la mañana del domingo 7 de diciembre de 1941, cuando oí por el altavoz: "Todos los hombres a sus puestos de combate". Todos los compañeros pensaron que era un simulacro, pero, ¿por qué en un domingo por la mañana?»*.

Ese es el primer recuerdo de aquella mañana de diciembre del marinero de primera George A. DeLong, de 19 años. Después vinieron tres enormes explosiones, una detrás de otra y el barco empezó a escorarse de tal manera que él y sus compañeros en la cubierta inferior del buque tuvieron que agarrarse a las paredes para no caer. El compartimento en el que estaban, sin salida al exterior, tenía solo una entrada de ventilación pero por ella empezó a entrar el agua en vez del aire. «Llegamos hasta el punto más alto en el compartimiento porque el agua empezó a llegar a través de un orificio de ventilación de aire fresco que debería haber sido cerrado, pero el compañero encargado nunca llegó a su control para cerrarla». Durante unos minutos angustiosos lucharon por cerrar la entrada del agua que subía constantemente en el pequeño habitáculo. Toda clase de objetos, ropa, utensilios, eran utilizados para intentar taparlo pero el agua no dejaba de subir hasta que, milagrosamente, apareció flotando un tablero de juego que consiguieron colocar contra el respiradero. Aquello les permitió mantener estable su pequeño refugio. La única puerta de entrada, estanca, permanecía cerrada pero no se atrevieron a abrirla durante horas por temor a que el compartimento contiguo estuviera anegado. Finalmente la abrieron para descubrir aliviados que

* http://www.pearlharborsurvivorsonline.org/

había aire, aire fresco con el que pudieron aguantar unas horas más. Fueron casi treinta y seis horas de encierro, con el aire agotándose y golpeando permanentemente los mamparos para llamar la atención. Finalmente un equipo de salvamento, equipado con taladros neumáticos, consiguió romper el casco de la nave y sacarlos sanos y salvos. DeLong tuvo la suerte de ser uno de los 32 hombres que se pudieron rescatar de ese modo, pero decenas de ellos quedaron atrapados sin que fuera posible salvarlos y dos días después, los golpes en los mamparos pidiendo auxilio cesaron por completo. El grupo de DeLong tuvo suerte, eran las 4 de la tarde del lunes, 8 de diciembre cuando los llevaron al barco hospital, *USS Solace*, su estado era bueno y con una copa de brandy para quitarles el frío, una ducha y una buena comida les enviaron a descansar después de casi dos días sin dormir. Al día siguiente, ya en guerra con el Imperio japonés, DeLong fue enviado al *USS Elena* donde participó en la acción de Guadalcanal*.

George había nacido en la localidad de Annville, en el estado de Pennsylvania, en julio de 1922. Se graduó en la Escuela Superior de Annville en 1940 y de ahí entró a trabajar en la fábrica de medias de A. S. Kreider en su mismo pueblo. Poco después, en enero de 1941, se alistó en la Marina como muchos jóvenes de su edad, con la intención de «ver mundo» y pasó el periodo de entrenamiento en la base de Newport, en Rhode Island de donde fue enviado a la base de San Diego para continuar su formación en la escuela de intendencia y de ahí a su primer destino en el acorazado *USS Oklahoma*.

En cuanto al buque, el *USS Oklahoma*, se hizo un gran esfuerzo por reflotarlo, una tarea iniciada en julio de 1942 en los astilleros de Pearl Harbor. Durante siete meses se trabajó en él y el 28 de diciembre, ya en dique seco, se vio la imposibilidad de que volviera al servicio y se le despojó de su armamento y superestructura. El resto del buque fue vendido como chatarra para aprovechar sus toneladas de metal, pero una tormenta lo hundió en el pleno océano el 17 de mayo de 1947 cuando era remolcado hacia California.

---

* En las memorias de DeLong tiene gran importancia su servicio en el *USS Elena* en Guadalcanal.

El acorazado estadounidense *USS Oklahoma*, hundido durante
el ataque japonés a Pearl Harbor, fue enderezado en 1943.
En su hundimiento fallecieron 429 tripulantes.

El *USS Oklahoma* fue botado en 1914 y entró en servicio en
1916 lo que le convirtió en el primer acorazado construido con
la mirada puesta en la Primera Guerra Mundial. Con sus
27.000 toneladas de desplazamiento y 178 metros de eslora era
uno de los más imponentes buques de la Flota del Pacífico y
junto con su gemelo *USS Nevada* navegó por el Atlántico durante los últimos meses de la Primera Guerra Mundial prote-
giendo a los convoyes con dirección a Europa. En julio de
1936, ante el estallido de la Guerra Civil en España viajó hasta
Bilbao donde recogió a ciudadanos norteamericanos y a otros
refugiados que salían de España. El 6 de diciembre de 1940,
justo un año antes del ataque japonés, fue destinado a la base
de Pearl Harbor.

Los Patten y el USS Nevada

El fatídico domingo 7 de diciembre, poco antes de las 8 de la mañana, el marinero Gilbert Patten, tripulante del acorazado *USS Nevada*, esperaba en la fila frente al economato del buque para comprar algunos artículos de higiene personal. Había demasiados compradores antes que él, así que decidió irse a desayunar y volver más tarde. Su hermano, Allen, también marinero del *Nevada* acababa de salir de una guardia de noche en máquinas y estaba ya en el comedor de tropa. Otro de sus hermanos, Marvin, iba en un bote que se dirigía a tierra y los otros tres hermanos, Bick, Ray y Bruce pululaban bajo cubierta, recién levantados de sus literas. En total eran siete los hermanos que en 1934 habían decidido alistarse en la Marina aunque uno de ellos, Ted, lo había dejado en octubre del 41. Los otros seis, por deferencia de la Armada, servían en el mismo buque, el *USS Nevada*, un acorazado gemelo del *Oklahoma*, de 27.000 toneladas, armado con cañones de 365 milímetros y de 127, con cuatro tubos lanzatorpedos y unos blindajes impresionantes de hasta 406 milímetros. El *USS Nevada*, puesto en servicio en marzo de 1916, era uno de los más modernos de la flota, con propulsión de turbinas Curtis movidas por fuel, el primero de su clase en abandonar el carbón como combustible.

El *USS Nevada* había llegado a Pearl Harbor aquel mismo fin de semana con el objetivo de escoltar al portaviones *Lexington,* aún en alta mar, pero al llegar a puerto se había encontrado con que su lugar de atraque habitual estaba ocupado por el *USS Arizona,* así que tuvo que cambiar su amarradero habitual lo que, probablemente, le salvó de la terrible suerte del *Arizona.*

Allen Patten, en una entrevista publicada en el periódico local de Salt Lake City explicaba tiempo después su experiencia de aquella fatídica mañana. «Me levanté y duché a las 7 de la mañana y como a las 7'45 me senté a desayunar. Recuerdo que era un «perrito caliente»y frijoles. A continuación llegaron algunos de los otros marineros de la División B y tomamos té y café; discutí con ellos quién iba a ganar el partido de fútbol de Duke y Oregón. Entonces algo extraño comenzó a suceder y que no podía entender. Era poco más de las 8, estábamos tres cubiertas abajo y el Nevada comenzó a temblar como un terremoto de escala tres o cuatro. El ojo de buey estaba abierto y oí una "rata-a-tat-tat", el sonido de una ametralladora. Todos estábamos muy confundidos; había sido una mañana muy serena. Pensamos que era extraño que alguien estuviera practicando con sus armas. A continuación, el cocinero de la División B, Henry, un niño de 18 años gritó: ¡Nos están atacando!».

Durante la Segunda Guerra Mundial, el *USS Nevada* fue uno de los acorazados que sufrió el ataque japonés a Pearl Harbor. Fue el único acorazado en ponerse en marcha bajo el ataque, no obstante, fue impactado por un torpedo y embarrancó.

Los Patten, eran una familia rural del estado de Iowa, cerca de la ciudad de Odebolt, formada por los padres y nueve hijos, ocho varones, todos enrolados en la Marina, y una chica. En enero de 1941 los siete mayores Gilbert, Marvin, Bick, Allen, Ted, Ray y Bruce, servían en la sala de máquinas del Nevada y en septiembre, el padre de familia, Floyd, también se alistó relevando a Ted que se licenció en octubre.

Otro de ellos, Bruce, estaba de servicio en la caldera cuando oyó por los altavoces la orden: «Todos los hombres a sus puestos de combate!». En una entrevista años después, Bruce recordaba que otro de sus hermanos discutía a gritos con un suboficial insistiendo en que los aviones japoneses estaban atacando mientras el suboficial le chillaba que estaba harto de rumores. En ese momento cayó la primera bomba sobre el *Nevada* y se acabó la discusión.

En aquel lugar, el ataque principal estaba dirigido contra el *USS Arizona*, de mayor envergadura que el *Nevada*, que sufrió la peor parte con 1.177 marineros e infantes de marina muertos. Por suerte, el *USS Nevada* no estaba amarrado a ningún otro buque y el capitán de corbeta Francis J. Thomas y el teniente Ruff acordaron zarpar de inmediato. Fue el único buque que pudo escapar al ataque en un primer momento con sólo el impacto de un torpedo y seis bombas cuando navegaba buscando la salida de la rada. En un alarde de inteligencia, el teniente Ruff hizo embarrancar al buque para evitar su hundimiento en la bocana del puerto, lo que habría impedido la entrada y salida de buques durante semanas o meses y salvó la vida de los marineros a bordo que podían haber tenido el mismo final que la tripulación del *Arizona*.

Ninguno de los Patten resultó muerto o herido en el ataque. La suerte estuvo con ellos. Una bomba cayó cerca de la lancha en la que Marvin navegaba hacia la costa y varios de sus compañeros resultaron alcanzados. Otra bomba cayó donde minutos antes había estado Gilbert y todos los marineros que continuaban allí resultaron muertos. Allen recordaba que una parte de la tripulación estaba de permiso en tierra, entre ellos su capitán y sólo una de las seis calderas del buque estaba encendida, pero apenas seis minutos después de dada la voz de alarma, todas estaban funcionando y en 18 minutos, el *Nevada* había zarpado. Todo un récord.

Un informe confidencial* remitido al Comandante en Jefe de la Flota del Pacífico destacó la acción de varios oficiales y marineros que tomaron el mando del buque, el capitán de corbeta Francis J. Thomas, al mando del buque casi todo el tiempo a falta de su capitán; el Contramaestre E. J. Hill, los alféreces J. K. Taussig, jr, y T.H. Taylor; el teniente Lawrence E. Ruff, el Jefe de Intendencia R. Sedberry, el segundo contramaestre A. Solar y el marinero de segunda clase Neundorf, W.F., jr.

El informe remitido al Mando de la Flota señaló también la secuencia del ataque al *USS Nevada*.

«–El primer ataque enemigo fue observado a las 8′01 y se dio inmediatamente la alarma general. Dos ametralladoras a proa y dos a popa estaban de servicio. La batería antiaérea de 127 milímetros estaba operativa parcialmente desde la 8′00 para una comprobación de rutina.

–A las 8′02 las ametralladoras abrieron fuego contra los aviones torpederos enemigos que se aproximan por babor. Un avión fue derribado por fuego de ametralladora y se estrelló a poco más de 100 metros por la aleta de babor. Otro avión lanzó un torpedo que alcanzó al buque en la amura de babor.

–A las 8′03 (aproximadamente) la batería de 127 abrió fuego contra aviones torpederos a baja altura y bombarderos de gran altitud. El fuego de estas armas, unas ametralladoras calibre 50 fue casi continuo hasta las 8'20 cuando el ataque decreció.

–En un momento no determinado, pero probablemente alrededor de 08'03, otra batería abrió fuego contra los aviones torpederos y es probable que un impacto directo desintegrara un avión en el aire.

–El bombardeo fue intermitente hasta las 8'30 cuando se realizó un bombardeo pesado hasta las 9'08 en que el ataque disminuyó».

---

* http://www.researcheratlarge.com/Ships/BB36/PearlHarborDamageReport/

Allen recordaba posteriormente la escena: «Fui a la parte superior por primera vez una hora después del inicio del ataque japonés y no podía creer lo que veía. Habíamos atracado junto al *USS Arizona* y al mirar a través de Pearl Harbor, a donde debía estar el acorazado, la vista era increíble. La isla de Ford se veía envuelta en fuego y humo. Vi una pesadilla. El *Arizona* se había hundido, el *California* estaba en llamas y se hundía, el *Pennsylvania* estaba en dique seco y ardía, el *Oklahoma* y el *Utah* estaban volcados. Los japoneses se habían ido y la flota estaba en ruinas».

Nada más conocerse el ataque, Ted Patten volvió a alistarse en la Marina y poco después, al cumplir los 18 años lo hizo el hermano menor, Wayne. Todos sobrevivieron a la guerra después de participar en las batallas del Mar del Coral, del Golfo de Leyte y del Mar de Filipinas a bordo del destructor *USS Wren* y del *USS Nevada*, puesto de nuevo en servicio.

El fin del USS Arizona

A las 7'55 de la mañana la alarma sonó en el acorazado *USS Arizona* y siete minutos después se tocó a zafarrancho de combate. Apenas unos minutos después, la primera bomba lanzada desde uno de los bombarderos a gran altitud cayó sobre el buque alcanzando el lateral de una de las torretas. Todo fue muy rápido, pero el capitán de corbeta Samuel G. Fuqua, el oficial de control de daños del buque, también lo fue y en breves instantes se hizo cargo de la situación. La bomba había atravesado la cubierta y había provocado un pequeño incendio que fue controlado rápidamente. A su lado, el buque de reparaciones *Vestal* también había sido alcanzado y parecía que los daños eran muy superiores a los del *Arizona*. A las 8'06 minutos una segunda bomba, ésta de gran potencia, impactó en la popa del buque atravesando varias cubiertas y provocando una enorme explosión que alcanzó la santabárbara del buque. En ese momento, el comandante* Fuqua, alcanzado por la onda expansiva, se refugió en el alcázar del buque

---

* Capitán de corbeta, en la Marina, es un grado equivalente a comandante. En la USS Navy se denomina Liutenant comander que se traduce a veces como teniente comandante.

donde permaneció sin conocimiento durante unos minutos. Nada más recuperar la consciencia se hizo cargo de la situación y tomó el mando de las operaciones de extinción y la evacuación de los heridos. Fue entonces cuando una segunda bomba alcanzó la parte de proa de la nave afectando la munición y la pólvora estibada, lo que hizo saltar al enorme buque causando una destrucción que sería ya irreparable. La explosión ha sido calificada muchas veces como un cataclismo, de ahí el rápido hundimiento de la nave y el enorme número de víctimas, 1177 muertos de los 1512 miembros de la tripulación. Durante dos días, el buque estuvo ardiendo a flor de agua y la gigantesca succión provocada apagó los fuegos del buque *Vestal* amarrado a su costado.

Según el parte de guerra en el que se anunciaba la concesión de la Medalla de Honor a Fuqua: «A pesar de estas condiciones, su experiencia angustiosa y el grave bombardeo enemigo y el ametrallamiento, en ese momento, el comandante Fuqua continuó dirigiendo la lucha contra los incendios y dirigiendo el rescate de los heridos de una forma increíblemente tranquila y con un excelente criterio inspiró a todos los que le vieron lo que, sin duda, dio como resultado la salvación de muchas vidas». El recuerdo que el comandante Fuqua guardó en su memoria es un relato de aquellos momentos terribles que vivió el *USS Arizona*, «Miré hacia arriba. Vi a las bombas, que me apareció iban a caer sobre mí o cerca de mí. La siguiente cosa que recuerdo fue un tramo de la cubierta de cerca de seis pies a popa de la pasarela de estribor. Me puse de pie y miré alrededor para ver qué era lo que me había derribado. Entonces vi que estaba a unos seis pies de un agujero de bomba en la cubierta. Esta bomba había golpeado la placa frontal del Número 4 (se refiere a una torreta de artillería), el situado más a popa, que había rebotado, se había ido a través de la cubierta y había explotado en el alojamiento del capitán. Entonces levanté la vista hacia adelante y vi el centro del barco en llamas».

El *USS Arizona* era una verdadera fortaleza flotante, 32.000 toneladas a plena carga, 185 metros de eslora, 38 cañones y motor de cuatro turbinas que podía darle una velocidad de 21 nudos. Probablemente el hundimiento del *Arizona* marcó el principio del fin de la era de los grandes acorazados, superados en eficacia por los portaviones. El *USS Arizona* ha sido el único de los buques atacados en Pearl

Harbor que se ha conservado en el lugar donde se hundió y sobre sus restos se construyó en 1962 un monumento que recuerda a los caídos en aquella acción.

El comandante Samuel G. Fuqua sobrevivió al ataque y fue destinado al crucero *USS Tuscaloosa* durante 1942, en el teatro de operaciones europeo. En 1943 fue destinado a la base naval de Guantánamo y poco después ingresó en la Escuela de Guerra Naval. En 1945 se le nombró oficial de operaciones del Comandante de la 7ª Flota y se retiró en julio de 1953 con el grado de contralmirante. Había nacido en octubre de 1899 en Laddonia, en el estado de Missouri y entró en la Academia Naval en 1919 después de estudiar un año en la Universidad estatal de Missouri y de servir en el Ejército durante la Primera Guerra Mundial. Se da la circunstancia de que ya había servido en el *Arizona*, en 1923, cuando el acorazado acababa de ser botado. Fue en 1939 cuando se le volvió a destinar al *Arizona*. Falleció el 27 de enero de 1987 en la localidad de Decatur, en Georgia, y sus restos fueron enterrados en el cementerio nacional de Arlington.

La bomba que acabó con el *USS Arizona*, de 800 kilos, cayó desde un avión de los conocidos como Kate, Nakajima B5N, y fue lanzada con gran precisión por el suboficial Noburu Kanai, bombardero en el avión biplaza pilotado por el comandante Tadashi Kusumi. Su base era el portaviones *Hiryu* y el avión regresó sin novedad al portaviones. El piloto participó posteriormente en la batalla de Midway como jefe de operaciones aéreas a bordo del portaviones *Kaga* y falleció cuando su avión fue derribado. Kanai, tenido como un experto bombardero, participó en la batalla de la isla de Wake, dos meses después, y también murió al ser derribado su avión.

El Nakajima B5N fue el avión torpedero estándar de la Marina Imperial japonesa durante buena parte de la guerra.

Supervivientes

Para el marinero de segunda Donald Gay Stratton, el domingo 7 de diciembre de 1941 iba a ser un día cualquiera. No demasiado distraído. Había subido al comedor de la primera cubierta del *USS Arizona* y tras el desayuno había cogido un par de naranjas que transportaba en su gorro blanco para llevárselas a la enfermería a Karl Nelson, un compañero víctima de un ataque de ictericia. Se pasó por su armario, no recordaba para qué, y luego subió a la cubierta número 2 donde se encontró con varios compañeros que señalaban alarmados hacia la isla de Ford donde, increíblemente, varios aviones la estaban bombardeando. «Por alguna razón, nos dimos cuenta de que los aviones eran japoneses. Luego corrí hacia mi puesto de combate». Para cuando sonó la alarma, Stratton ya estaba en su puesto, una ametralladora antiaérea pero sólo podía recordar después el estruendo de las explosiones, el humo, el fuego y los hombre que caían heridos o muertos y eso en sólo unos minutos. Disparando con su ametralladora contra los aviones que les atacaban a baja altura se quedó sin municiones y su sargento Ensing Lomas, que corrió a buscar no volvió nunca más. Ni el sargento ni su amigo Karl Nelson, el muchacho enfermo de ictericia, sobrevivieron al ataque. Su recuerdo más vivo de aquel aciago día fue la tremenda explosión que casi elevó al barco en el aire, luego como en sueños le sacaron del *Arizona* a través del buque de reparaciones *Vestal*. Un cabo tendido entre el barco y tierra, a 45 metros del agua ardiendo, les permitió llegar a tierra envueltos en humo y llamas. Del hospital de Pearl Harbor le trasladaron después al continente, al Hospital Naval de Mare Island. Pero tuvo suerte, sobrevivió, con quemaduras en el 70% del cuerpo que le mantuvieron en el hospital un año entero... pero sobrevivió.

Donald Gay Stratton había nacido el 14 de julio de 1922 en un pequeño pueblo, Inavale, en el estado de Nebraska. Con menos de 200 habitantes, Inavale y la granja donde nació Donald no parecía tener mucho atractivo para él, así que nada más graduarse en la escuela secundaria, en 1940, decidió alistarse en la Marina. Para un joven sin demasiados alicientes en un pueblo tan pequeño, la Marina era el destino ideal porque, de elegir el Ejército podría ir a parar a un cuartel o una base en cualquier pueblo de Estados Unidos tan pequeño como el suyo, mientras que la Marina le aseguraba viajar por todo el mundo. Donald pasó su periodo de instrucción en la base naval de Glenview, cerca de Chicago, en los Grandes Lagos y de ahí a la Estación Naval de Bremerton, en el estado de Washington, donde embarcó en el *USS Arizona*. Su primer trabajo a bordo del *Arizona* fue el de vigilar a las decenas de trabajadores, soldadores y electricistas, que trabajaban en la modernización y la reparación del buque, para evitar algo tan peligroso como un incendio a bordo. De ahí, el buque zarpó hacia su destino en Hawai con el joven Donald Stratton embarcado.

Tras su paso por el hospital, Stratton volvió de nuevo al servicio activo pero sus superiores consideraron que debía pasar otra vez por el campo de entrenamiento. Era uno de los pocos marineros supervivientes del *USS Arizona* y en el campo fue destinado a los servicios auxiliares como chófer de camiones. Se licenció en 1946 y se empleó como conductor en una empresa de buzos de gran profundidad, dedicándose al transporte de los pesados equipos de la época. En 1971 consiguió comprar su propio camión, un Chevrolet de 1965 con el que se dedicó al transporte hasta su jubilación.

Otro de los marineros, Oree Cunningham Weller, acababa de llegar a Pearl Harbor apenas seis meses antes con un grupo de diez novatos llegados desde la base de San Diego. Había llegado en el buque engrasador *USS Neosho* (AO-23), pequeño, de apenas 7.000 toneladas pero moderno y bien equipado. Oree recordaba la vista impresionante del *USS Arizona* y exclamó para sí: ¡Ese es mi barco! y se sintió feliz por pertenecer a un buque que a él le pareció el más bello de la Armada. Su primera impresión dio paso después a la emoción de ver cómo una motora les acercaba a él y a sus compañeros al imponente acorazado y se fijó, como novato, en la gorra que el piloto llevaba «dos dedos por encima del puente de la nariz», como los veteranos. Weller pasó por los detalles habituales como verse ridículo con su uniforme completo mientras que allí, en Hawai, se llevaban los pantalones cortos, calcetines blancos y alguna que otra camisa floreada. Allí descubrió que su «litera» iba a ser un par ganchos para colgar la hamaca y que el «baño» estaba en la cubierta principal, a la vista de todo el mundo. Pronto aprendió lo que era Honolulu para los marineros, un poco de libertad de la que pudo disfrutar aquel verano y poca cosa más. «Una vez que había visto a Waikiki, y había desfilado arriba y abajo por la calle del hotel, todo lo que quedaba era la calle Beretania*. Incluso eso podría perder interés en el tiempo. La YMCA del Ejército y la Armada estaba en un extremo de la calle del hotel y el bar del Wo-Fat estaba en el otro. En el medio había una mezcolanza de bares, salones de tatuaje, sastres navales, clubes y otros establecimientos de todo tipo». Honolulu era la típica ciudad militar llena de «colorido», el blanco de la Armada, manchas de verde oliva y verde oscuro de los marines, vendedoras de perritos calientes a diez centavos y en un callejón, en una cabaña de troncos, los licores y la cerveza a 25 centavos.

El día 1 de diciembre, lunes, el buque se hizo a la mar para realizar los ejercicios de costumbre. Para entonces, Weller y muchos de sus compañeros intuían que algo estaba pasando, aunque nadie sabía qué y nadie les explicaba nada. Volvieron a puerto el viernes y se acoplaron al muelle que llamaban Ten-Ten en la isla de Ford. Aquella noche, con el uniforme limpio y los zapatos lustrados, Oree Cunningham Weller se fue al cine en Honolulu. El sábado, Weller tuvo que soportar el ruido y la suciedad de la gente del *Vestal* que realizaba reparaciones por el *USS Arizona*.

«La mañana del domingo era clara y brillante con pocas o ninguna nubes; había poca o ninguna brisa. Ya que el correo ha llegado de los Estados Unidos el día anterior, terminé rápidamente el desayuno en nuestro compartimento bajo cubierta y fui hasta la oficina del navegante. Acababa de empezar a leer la primera de mis dos cartas cuando oí la alarma de ataque aéreo. ¿Que diablos?, pensé y salí a la cubierta del barco». Alucinado, alcanzó a ver un avión lanzándose sobre el *USS Nevada* que volaba tan bajo que pudo ver la cabeza del piloto por detrás del círculo rojo que identificaba al avión como japonés. Se dirigió a su puesto de combate, una de las baterías de 125 inútil contra los aviones pues estaban pensadas para disparar a otros

---

* Calle principal e histórica de Honolulu con el edificio residencia del Gobernador.

barcos. A pesar de llevar sus auriculares colocados, Weller no pudo comunicar con el puente ni recibir instrucciones. No sabía qué hacer mientras las bombas caían sobre el buque. Cuando estalló la parte de proa del navío, con los resultados ya conocidos, Weller y sus compañeros, cada uno por su cuenta, trataron de salir de la cubierta. Weller fue de un lado para otro intentando ponerse a salvo y que alguien le diera instrucciones de qué hacer hasta que encontró al comandante Samuel G. Fuqua. Dirigido por el oficial, Weller ayudó a soltar algunos botes y colocar en ellos a los hombre heridos y quemados mientras el barco vivía sus últimos minutos ardiendo y encadenando explosiones. Poco después llegó la orden del único oficial superior que había sobrevivido, Jim Miller: abandonar el buque. Weller se lanzó al agua. Era un buen nadador y la isla de Ford estaba sólo a unos 130 metros del buque. Nadó bajo el agua tratando de evitar las manchas de petróleo ardiendo. Tuvo que nadar en superficie, impregnado de petróleo y con las llamas acercándose, hasta que un bichero lanzado desde una balsa le agarró y tiró de él. Weller estaba literalmente cubierto de petróleo y alguien le alargó un trapo para que al menos pudiera limpiarse la boca y los ojos.

«En Pearl Harbor, una era en la Marina llegó a su fin. La vida de la Marina de guerra nunca sería la misma. La pompa y la ceremonia, la vida tranquila debajo de los toldos blancos en el alcázar, los toques de corneta y las llamadas del contramaestre para las órdenes, las campanadas del reloj, todo eso desapareció después de un día de diciembre».

Oree Cunningham Weller era hijo de Victor Charles Weeler y Evelyn Cunningham Weeler, hijo único nacido el 17 de septiembre de 1922 en la ciudad de Houston, en el estado de Texas.

En 1944 se casó con Dolores Winifred Wainwright con la que tuvo cuatro hijos, siguió su carrera en la Marina, sobrevivió a la guerra y alcanzó el grado de capitán de corbeta.

El cerebro de la operación

En la mañana de un día de febrero de 1941, Minoru Genda, capitán de fragata de la Teikoku Kaigun, la Armada japonesa, recibió un encargo singular. Había llegado a Tokio unos meses antes después de pasar dos años en Londres como ayudante del agregado naval japonés en la capital británica y aquella mañana se encontró con el que sería el trabajo más importante de su vida. El contralmirante Onishi, jefe de la 11 Flota Aérea le hizo llegar una carta personal remitida por el almirante Yamamoto en la que éste exponía la idea de un ataque a la base de la Flota norteamericana del Pacífico en Pearl Harbor. La petición de Onishi era en primer lugar que Genda hiciera una valoración de las posibilidades de semejante acción y en segunda lugar que diseñara un detallado plan de acción. Tal era en esencia la solicitud implícita en la carta que el almirante Yamamoto había enviado a Onishi, una idea que el almirante Jefe de la Rengo Kantai, la Flota Combinada, venía madurando desde años antes y que finalmente había puesto por escrito cuando en enero de 1941 los norteamericanos y sus aliados británicos y holandeses habían decidido tomar medidas de estrangulación de la economía japonesa.

Genda era un valioso elemento del servicio de inteligencia de la Armada, un analista de primer orden con una sólida formación naval no sólo en lo referido a la flota japonesa sino también a la británica y la norteamericana y estudió concienzudamente la idea de Yamamoto emitiendo posteriormente un informe favorable donde advertía que la acción era factible pero muy difícil. Su principal objeción era la imposibilidad de utilizar torpedos dada la escasa profundidad de la rada de Pearl Harbor, apenas 12 metros*. Ante la insistencia de Yamamoto, Genda se empleó a fondo para solucionar el problema y trabajó conjuntamente con expertos en torpedos para encontrar una solución ingeniosa y original, la instalación en los torpedos de unas aletas de madera que les impedían irse al fondo. Ese mismo verano de 1941, el Estado Mayor de la 11 Flota Aérea puso a punto el plan definitivo del ataque.

---

* Nada más ser lanzados, los torpedos de la época descendían a gran profundidad debido a su peso y sólo después emergían a nivel de superficie. El escaso calado de Pearl Harbor haría que se empotraran en el fondo.

La carta del almirante Yamamoto dirigida a Onishi decía lo siguiente: «En el caso de un estallido de guerra con los Estados Unidos, habría pocas expectativas de que nuestras operaciones tuviesen éxito a menos que, desde el mismísimo principio, podamos causar un golpe aplastante a la principal fuerza de la Flota Americana en aguas hawaianas utilizando la fuerza completa del 1° y 2° escuadrones aéreos contra ella, y de esta forma descartar de momento el avance de la Flota Americana para tomar la ofensiva en el Pacífico Occidental. Y es mi esperanza que se me pueda entregar el mando de esta fuerza de ataque aéreo, para que pueda ejecutar la operación por mí mismo. Por favor haga un estudio de la operación».

Minoru Genda había nacido en Hiroshima en agosto de 1904, era el segundo hijo de una familia de granjeros acomodados que pudo dar estudios a sus hijos. Dos de ellos fueron a la Universidad de Tokio, un tercero se graduó en el Colegio Médico de Chiba, otro ingresó en la Academia Militar y Minoru optó por la Academia Naval Imperial donde se graduó como piloto. Destinado en el portaviones *Akagi*, Genda se destacó a los mandos de un avión hasta el punto que llegó a comandar una escuadrilla de exhibición encargada de promover las ideas de Yamamoto y otros altos oficiales sobre la supremacía de la aviación naval y el nuevo papel de los portaviones. En 1933, destinado en el portaviones *Ryujo*, Genda se relacionó con el almirante Yamamoto que quedó impresionado por sus ideas sobre la utilización de los portaviones como fuerza de ataque básica, superando a los acorazados y un año después Genda expuso por primera vez su idea de un ataque sorpresa a Pearl Harbor, lo que Yamamoto consideró desde entonces. Su preparación y su capacidad analítica quedó demostrada cuando fue enviado a Londres y realizó un pormenorizado análisis de los bombardeos alemanes sobre la capital británica y las capacidades tanto de los Messerschmitt alemanes como de los Hurricane ingleses, lo que permitió poner a punto los Mitsubishi A6M, conocidos como Zero, muy superiores a los aviones que había analizado en Europa.

La flota atacante japonesa estaba integrada por numerosas naves de guerra y estaba encabezada por el portaaviones *Akagi* (Castillo rojo).

La sorpresa, la rapidez y el secreto eran las bazas que Genda expuso como básicas para que el ataque tuviera éxito. La sorpresa estaba íntimamente ligada al secreto que debía rodear toda la operación y de hecho ni siquiera el gobierno japonés estaba enterado del movimiento de la Flota en dirección a Pearl Harbor. La rapidez del ataque estaba basada en la proximidad de la Flota atacante a las base norteamericana, a fin de que los aviones pudieran alcanzar sus objetivos sin tiempo material para ser detectados e interceptados y con la seguridad de poder volver a los portaviones y repostar para un segundo o un tercer ataque. Como líder de la primera incursión de la operación, Genda propuso y consiguió al capitán de corbeta Mitsuo Fuchida, su compañero de curso en la Academia Naval y un experimentado piloto que se convirtió en un héroe nacional en Japón. Siguiendo las instrucciones de Genda, la orden de ataque decía lo siguiente: «Los ataques aéreos se llevarán a cabo mediante el lanzamiento de las primeras unidades de ataque a 230 millas náuticas al norte del punto Z en 01´30 horas del día X, y la segunda unidad de ataque a 200 millas náuticas al norte del punto de Z a 02´45 horas».

Al término de la guerra, Genda tuvo que pasar por uno de los tribunales que juzgaba a los criminales de guerra donde expuso con todo detalle su participación en la planificación y el entrenamiento de los pilotos que tomaron parte, pero nunca fue acusado de nada y de hecho permaneció en la Marina hasta 1962. Profundamente nacionalista y encuadrado en lo más extremo de la derecha japonesa, se dedicó a la política tras su salida de la Marina y llegó a ser diputado, postulando siempre por el rearme del Japón y la abolición de las leyes que lo impedían. Murió el 15 de agosto de 1989, el mismo día, cuarenta y cuatro años después, en que Japón firmó la rendición incondicional.

El espía

El 27 de Marzo de 1941 llegó a Honolulu un hombre singular. Se trataba de un funcionario del ministerio de Asuntos Exteriores japonés llamado Tadashi Morimura que venía a ocupar el cargo de vicecónsul en el Consulado japonés de Hawai. Morimura se destacó enseguida como un hombre encantador, más ocupado en seducir a cuanta mujer se ponía a su alcance que de los áridos asuntos consulares. Se instaló en un apartamento en Pearl Harbor con vistas al puerto y con ciertas comodidades y en poco tiempo se hizo un grupo de amigos en los bares de los alrededores frecuentados por oficiales y soldados de la base naval y de los aeródromos cercanos. Morimura empezó a ser personaje habitual en fiestas, bares, playas y demás lugares de ocio y era un gran aficionado a dar largos paseos solo o acompañado de hermosas mujeres. Al día siguiente al del ataque, el 8 de diciembre, Tadashi Morimura fue detenido por el FBI, como muchos de los japoneses residentes en Hawai y permaneció confinado hasta agosto de 1942 en que volvió al Japón en un intercambio de diplomáticos prisioneros acordados por japoneses y norteamericanos. No había pruebas de que hubiera desarrollado actividades de espionaje. Pero, ¿las había desarrollado?

Los pilotos japoneses que se lanzaron sobre la Flota norteamericana llevaban con ellos mapas y dibujos detallados de la rada, del puerto y de los buques norteamericanos, señalando su situación exacta. Con esos mismos planos, el mando de la Marina Imperial japonesa había confeccionado maquetas de gran precisión con las que Genda y su equipo habían instruido a los pilotos. Se trataba de un gran trabajo de inteligencia que nada tenía que ver con una red de espionaje al uso y el FBI nunca logró detectar ninguna red de espionaje... porque no la había.

La clave de todo el trabajo de Inteligencia era precisamente el vicecónsul Tadashi Morimura. Desde su llegada a la isla de Oahu había realizado un concienzudo trabajo de Inteligencia. Dotado de una memoria portentosa no había necesitado llevar consigo cámara alguna ni siquiera un bloc de notas y un lápiz. Se limitaba a observar y anotar en su interior todo lo que veía y oía, desde la situación de cada buque o instalación militar hasta las características o las indiscreciones sacadas de sus conversaciones de bar y de su atención siempre despierta. Cuando volvía a la intimidad de su apartamento ponía por escrito todo lo recogido y trazaba planos y dibujos de gran precisión. El modo de transmitir la información era sencillo y carente de riesgos para él. Su trabajo en el Consulado requería despachar diariamente con el cónsul, Nagai Kita, y era éste el encargado de transmitir a Tokio la información. De ese modo, aunque los norteamericanos descubrieran, como era obvio, que el Cónsul era la vía de comunicación con Tokio, supondrían siempre que era la cabeza de una red de espionaje que, por mucho que buscaran, nunca encontrarían.

Cuando el almirante Yamamoto desarrolló el plan de ataque a Pearl Harbor una de sus primeras necesidades era sin duda la información y para ello encargó al Cónsul japonés en Hawai, Nagai Kita, que le hiciera llegar al detalle la situación, el número de buques, las instalaciones militares y todo lo que pudiera ser de utilidad. Para ello hizo que el servicio de Inteligencia de la Armada le enviara a un agente sumamente capaz, Takeo Yoshikawa, teniente de navío, miembro de la carrera diplomática y experto en la marina norteamericana y británica. Naturalmente, ese experto oficial de Inteligencia era el divertido y nada sospechoso vicecónsul Tadashi Morimura.

Takeo Yoshikawa había nacido en Matsuyama, en la isla de Sikoku, en marzo de 1914 y se había graduado en la Academia Naval Imperial en 1933. Su intención era convertirse en piloto, pero no pasó las pruebas de salud a causa de una afección de estómago y cuando barajaba la posibilidad de suicidarse recibió la propuesta del Servicio de Inteligencia Naval. En la Academia, Yoshikawa había destacado por su facilidad para los idiomas y su extraordinaria memoria, lo que había hecho que se valorara desde un principio su reclutamiento por la Inteligencia. Durante su formación en la Escuela Naval había estudiado a fondo a la marina norteamericana y en 1937 inició su preparación como agente de Inteligencia. Su primer trabajo destacado fue interceptar una comunicación de la Marina británica sobre movimiento de sus buques en el puerto de Freetown, en Sierra Leona, una información que se pasó a la Embajada alemana en Tokio y que resultó con una gran perdida para los británicos. Cuando la Armada recibió la petición de un agente experto en la marina norteamericana no hubo dudas y Tadeo Yoshikawa fue enviado a Hawaii por orden de Yamamoto aunque sin conocer la finalidad de las informaciones que debía enviar. Como ayuda en caso necesario, Yoshikawa contó con el residente del servicio secreto japonés, Kohichi Seki, con el que apenas tenía contacto y con el alemán Bernard Kuehn, agente de la Abwehr, pero Yoshikawa tuvo gran cuidado en no pasar nunca información a través de ellos que sí estaban en el punto de mira del FBI. Además de sus paseos en coche o a pie, alquiló pequeños aviones con los que hacía excursiones por la isla, siempre acompañado y sin tomar notas o fotografías e incluso realizaba exploraciones submarinas utilizando como equipo una simple caña de bambú para respirar bajo el agua a fin de que nunca le descubrieran un equipo de submarinista. Unos días antes del ataque, Yoshikawa recibió una comunicación en clave, la frase: «Viento del este, lluvia» que le indicaba que debía destruir todo el material comprometedor, básicamente notas a mano. Así lo hizo y continuó con su vida normal hasta el día 7 de diciembre.

A su regreso a Japón, Yoshikawa continuó trabajando para la Inteligencia pero nunca fue recompensado, ni siquiera ascendido por su excelente trabajo. Al final de la guerra, por temor a ser represaliado por los norteamericanos, se ocultó durante un tiempo disfrazado de monje budista, pero cuando observó que nadie se preocupaba por él, para bien ni para mal, volvió a la vida civil y vivió hasta 1993 en total pobreza y olvido.

De Pearl Harbor al Gólgota*

A las 6 de la mañana del día 7 de diciembre (8 para los japoneses) el primer avión Zero, tripulado por el capitán de corbeta Shigeru Itaya, rodó sobre la cubierta de despegue del portaviones *Akagi* y se elevó en el aire seguido inmediatamente por otro avión y otro más hasta 36 aparatos. Minutos antes, el comandante de esa primera oleada, el capitán de fragata Mitsuo Fuchida, se había despedido del almirante Chuichi Nagumo en el centro de operaciones del *Akagi*, buque insignia de la Flota Combinada encargada del ataque a Pearl Harbor. Antes de despegar el primer aparato, Fuchida y su amigo Genda, el cerebro del ataque, se saludaron emocionados y Genda le deseó mucha suerte en la aventura. La oscuridad era todavía total, el mar estaba agitado y el despegue no era nada fácil. El buque se había colocado cara al viento y el despegue de los aparatos estaba pensado para el momento en el que el barco cabeceara hacia proa, algo que los pilotos habían practicada hasta la saciedad. El último avión en despegar fue el Nakajima 97 B5N de Fuchida y quince minutos después se unían a ellos el resto de los aviones despegados de los seis portaviones: cuarenta aviones torpederos, 51 bombarderos en picado y 43 cazas. Cada piloto conocía con exactitud cuál era su trabajo, así que Fuchida debía ocuparse principalmente de asegurarse de que la sorpresa era total y de dar parte posteriormente del resultado del ataque. Por delante tenían 132 millas, casi dos horas de vuelo hasta alcanzar la isla de Oahu y a las 7'32 Fuchida envió por radio el men-

---

* *De Pearl Harbor al Gólgota* es el primer libro escrito por Mitsuo Fuchida en Estados Unidos donde cuenta su conversión al cristianismo evangélico.

Imagen tomada por un piloto japonés en su ataque
a la base americana de Pearl Harbor.

saje que anunciaba el éxito inicial del ataque, la sorpresa: «Tora, tora, tora». Eran las 7'40 cuando Fuchida lanzó una bengala negra desde su aparato, lo que significaba que se ponía en marcha el plan «Z» que implicaba el despliegue de los aviones y el ataque tal y como estaba planeado. Los norteamericanos no se había enterado de lo que se les venía encima. A las 7'55 las primeras bombas empezaron a caer sobre los buques norteamericanos y sobre las pistas de la base aérea de Wheeler donde se destruyeron en tierra la mayor parte de los aviones que hubieran podido enfrentarse al ataque. Cuando las baterías antiaéreas norteamericanas reaccionaron, el avión de Fuchida fue uno de los primeros en ver agujereado su fuselaje, aunque sin consecuencias.

Hacia las diez de la mañana sólo el avión de Fuchida sobrevolaba Pearl Harbor mientras el hombre que había dirigido el primer ataque tomaba fotografías y notas del resultado. «Como un huracán salido de la nada, mis aviones torpederos, bombarderos en picado y cazas golpearon de repente con una furia indescriptible. Cuando el humo comenzó a disiparse y los orgullosos acorazados, uno a uno, comenzaron a inclinarse, mi corazón estaba casi ardiendo de alegría. Durante las siguientes tres horas guié directamente a los cincuenta bombarderos, que además de Pearl Harbor, también atacaron las pistas de aterrizaje, los cuarteles, y diques secos próximos. Después di una última pasada a mayor altura para evaluar con precisión los daños e informar a mis superiores»*.

El avión de Fuchida fue uno de los últimos aparatos en regresar a su portaviones de origen con su informe de daños, al menos lo que había podido observar desde el aire: cuatro acorazados hundidos, tres gravemente dañados y otros con averías menores; muchos otros buques con graves daños y la estación aeronaval de la isla de Ford, en llamas. El avión de Fuchida llevaba hasta 22 impactos de bala y el sistema eléctrico estaba a punto de fallar. Surgió entonces la única discrepancia, Fuchida aconsejó** un tercer ataque que acabara de arrasar las bases y los depósitos de combustible, algo que Nagumo consideró innecesario y arriesgado porque seguían sin saber dónde estaban los portaviones norteamericanos.

El hombre que dirigió esa primera oleada pasaría a la historia no únicamente por esa acción, sino por el desarrollo posterior de su vida que le llevaría a vivir en al país al que había combatido.

Tras el ataque a Pearl Harbor, Mitsuo Fuchida fue considerado un héroe en su país e incluso fue recibido por el Emperador Hirohito. Apenas dos meses después, Fuchida dirigió la primera oleada del ataque aéreo contra la ciudad australiana de Darwin y contra la base británica en la isla de Ceilán. A bordo del Akagi debió haber participado en la talla de Midway, pero una inesperada apendicitis le obligó a quedarse en el portaviones mientras su escuadrón atacaba a los buques norteamericanos. Al ser alcanzado el *Akagi*, Fuchida resultó herido y fue evacuado del buque antes de que éste se hundiera. El res-

---

* *For That One Day: The Memoirs of Mitsuo Fuchida, the Commander of the Attack on Pearl Harbor.*

** Esa escena de discrepancia con el almirante Nagumo la cuenta Fuchida en sus memorias, pero los historiadores dudan que un oficial de bajo rango, teniente, se atreviera a discutir las órdenes de un almirante y más en la Marina Imperial Japonesa.

to de la guerra, una vez recuperado, lo pasó en Japón trabajando en la jefatura de personal de la Armada. El final de la guerra fue el inicio de lo que podría llamarse una segunda vida para Mitsuo Fuchida que nada tenía que ver con la anterior. El día 5 de agosto de 1945, Fuchida se encontraba en Hiroshima asistiendo a una conferencia de oficiales; a media mañana recibió una llamada desde el Cuartel General de la Armada reclamándole en Tokio por un asunto urgente. Aquello le salvó la vida porque al día siguiente, cuando él ya estaba en Tokio, el *Enola Gay*, un modificado B29 de la US Navy dejó caer sobre Hiroshima la primera bomba atómica. Inmediatamente fue comisionado para volar a Hiroshima y hacer una valoración de los daños, cuando no tenían ni idea de los efectos de la radiación. Gran parte del equipo que le acompañaba empezó a mostrar síntomas extraños días después, como languidez, pérdida de energías y caídas de los dientes y el cabello, consecuencia de la radiación, pero al parecer Fuchida no sufrió ninguna consecuencia.

Mitsuo Fuchida había nacido en 1903 en la ciudad de Katsuragi en el sur de la isla de Honshu, la mayor del archipiélago japonés. Sus biografías afirman que su familia era profundamente nacionalista y su padre, director de una escuela primaria, consiguió que Mitsuo fuera admitido en la Academia Naval Imperial donde se inscribió en el área de Aviones Embarcados que acababa de crear el almirante Yamamoto. Tenía sólo 18 años y un año después, en 1924, se graduó como guardiamarina. Fue allí, en la Academia Naval, donde conoció y se hizo amigo de Minoru Genda con quien congenió inmediatamente y coincidieron en su pasión por convertirse en pilotos. En 1931 era ya piloto de bombardeo con base en el portaviones *Kaga* y en 1937 participó en la guerra chino-japonesa. Realizó el curso de Guerra Naval en 1938 y en 1939 fue incorporado al portaviones *Akagi* donde se le dio el mando del grupo aéreo. Cuando estalló la guerra tenía ya en su haber más de 3.000 horas de vuelo.

Finalizada la guerra, Fuchida vivió un periodo de odio y resentimiento no sólo hacia los norteamericanos, sino también a sus propios mandos por el modo en que habían conducido la guerra hasta la derrota final y entonces sucedió lo más incongruente en la vida de un militar formado en la guerra y en el nacionalismo más exacerbado.

Corría el año 1949 cuando conoció a un personaje singular y esencial en su vida, Jacob DeShazer, un misionero cristiano evangelista que se había instalado en Japón después de participar en la guerra y pasar por un campo de concentración. Fuchida, de quien decían sus amigos y conocidos que era una persona de buen carácter y paradójicamente tranquilo y nada violento, se dejó influir por DeShazer hasta el punto que acabó dejando su religión budista convirtiéndose al credo evangelista. Sus exégetas y partidarios hablan de conversión y de un giro radical en su vida que le convirtió en amigo y admirador de Estados Unidos, contribuyendo con sus memorias, sus discursos y sermones a crear toda una historia sobre el ataque a Pearl Harbor. Pero otros historiadores y estudiosos ponen en duda sus recuerdos. Entre otras cosas se duda que estuviera presente en la firma de la rendición japonesa en el acorazado *USS Missouri* el 2 de septiembre en la bahía de Tokio, algo que él afirma en sus memorias. En 1952, tras su conversión al cristianismo evangélico Fuchida realizó una gira religiosa por Estados Unidos, pero para entonces ya había publicado un relato sobre la batalla de Midway desde el punto de vista japonés que el historiador norteamericano Jonathan Pashall* puso en duda. La «conversión» de Fuchida al cristianismo y a la admiración por Estados Unidos fue un reflejo, o al menos así lo parece, de lo que le sucedió a Jacob DeShazer quien fue hecho prisionero en Ningbo, China, cuando su B29 que venía de bombardear Nagoya en la Doolittle Raid, se quedó sin combustible. Torturado y maltratado en su cautiverio, DeShazer engendró un explicable odio hacia el Japón y todo lo japonés, pero al volver a Estados Unidos abrazó con fe absoluta la iglesia evangélica y volvió a Japón con la intención de perdonar y convertir a los japoneses, algo que consiguió, al parecer, con Mitsuo Fuchida. Durante años, la fuente de información más utilizada sobre el punto de vista japonés en la guerra fue todo lo publicado por Fuchida, incluidas las películas *Tora, tora, tora* de Richard Fletcher y Kinji Fukasaku y *La batalla de Midway*, de Jack Smight de las que fue asesor. Fuchida falleció en 1976 aquejado de diabetes.

---

* *Shattered Sword: The Untold Story of the Battle of Midway.*

Mitsuo Fuchida fue, según cuenta la leyenda, quién ordenó la frase "¡Tora, Tora, Tora (¡Tigre, Tigre, Tigre!)" para dar inicio al ataque sobre Pearl Harbor en las Islas Hawaii.

Para la Iglesia Evangélica, el caso de Mitsuo Fuchida fue un ejemplo de «conversión» a la verdadera fe y así lo señala en una de sus publicaciones, «El Centinela», en un artículo de marzo de 1914. «El capitán de la aviación naval japonesa, Mitsuo Fuchida, quien atacó Pearl Harbor en 1941, quedó impresionado al ver a muchos prisioneros japoneses capturados por los estadounidenses volver al Japón después de la guerra. Ansiaba saber cómo los habían tratado. Un ex prisionero le contó algo que le hizo olvidar su odio a sus adversarios. Una muchacha había sido tan bondadosa y amable con ellos que les indujo a cambiar su concepto sobre sus captores. Los japoneses se preguntaban por qué la muchacha era tan buena con ellos. Ella les contó que el ejército japonés había matado a sus padres, quienes eran misioneros estadounidenses en las Filipinas al comienzo de la guerra. Cuando los japoneses invadieron el territorio, huyeron a las montañas, los japoneses los encontraron, los juzgaron como espías y los ejecutaron. Antes de ser ejecutados pidieron que les dieran media hora para orar y se les concedió. La muchacha estaba convencida de que durante esos treinta minutos sus padres rogaron a Dios el perdón para quienes iban a matarlos. Ahora ella estaba llena de amor, pues el Espíritu de Cristo le había quitado el odio y lo había reemplazado con amor.»

3.2. Wake. Un atolón perdido

Fletcher, héroe o villano

Uno de los principales protagonistas en la Campaña del Pacífico, para bien o para mal, fue sin duda el contralmirante Frank Jack Fletcher. Nacido en Marshalltown, en el estado norteamericano de Iowa, ingresó en la Academia Naval de Annapolis influenciado por su tío paterno, el almirante Frank Friday Fletcher. La aparición en la historia de Frank Jack Fletcher, conocido por sus colegas como «Black Jack», tuvo lugar en 1914 tras el llamado «incidente de Tampico» que implicó que tropas de la Marina norteamericana ocuparan la ciudad mexicana de Veracruz en el curso de la guerra civil que enfrentaba al gobierno de Victoriano Huerta contra los revolucionarios de Venustiano Carranza. Fletcher era entonces un teniente con seis años de experiencia en la Armada, nominalmente en el *USS Florida* desde 1912. Por su actuación en aquella acción recibió su primera condecoración, la Medalla de Honor al igual que su tío, el almirante Fletcher, comandante de la Flota norteamericana destacada en México, de quien el joven Frank era secretario. En 1918 recibió su segunda condecoración, la Cruz de la Marina, por su servicio en la protección de los convoyes de suministro que viajaban por el Atlántico durante la Primera Guerra Mundial. Era uno de esos oficiales a los que, por tradición familiar, se le fue formando sistemáticamente para acceder a los más altos puestos de la Armada, pero por razones más o menos oscuras y a causa de algunas de sus actuaciones en la Segunda Guerra Mundial sufrió una campaña de desprestigio, ello a pesar de que en los diez meses que pasó en el teatro de operaciones del Pacífico acumuló en su haber las victorias del Mar del Coral, Midway y las Salomón. Todo empezó con los libros publicados por el historiador y contralmirante Samuel Eliot Morison, distinguido con dos premios Pulitzer por sus trabajos sobre la historia naval, pero acusado a veces de parcialidad contra Fletcher. Según Morison, Fletcher actuó de modo tímido e inepto sobre todo en la defensa de la isla de Wake y en el enfrentamiento con los japoneses en Guadalcanal en agosto del 42.

La isla de Wake es un pequeño atolón situado al suroeste de Hawai, a algo más de 1.000 kilómetros. En enero de 1941 la Armada de Estados Unidos instaló allí una base naval apenas defendida por medio centenar de marines mandados por el mayor James P.S. Devereux y un escuadrón de aviones compuesto por 12 cazas Grumman F4F Wildcat. El día 3 de diciembre, es decir, cuatro días antes del ataque a Pearl Harbor, un destacamento japonés compuesto por varios destructores, lanchas y transportes cargados de tropas fondearon en la gran bahía del atolón de Kwajalein, en las islas Marshall, con la intención de apoderarse de Wake.

El primer ataque contra la isla se produjo el día 8, uno después de Pearl Harbor, y consistió en una incursión aérea que destruyó la pista de aterrizaje norteamericana y a siete de los doce cazas estacionados. Con la intención de defender Wake, se formó una fuerza que recibió el nombre de Task Force 11 con el portaviones *USS Lexington*, tres cruceros pesados y ocho destructores bajo el mando del vicealmirante Wilson Brown, pero en contra de la lógica, que era enviar esa fuerza a Wake, el almirante Kimmel, todavía al mando de la Flota en Pearl Harbor, la hizo marchar hacia las islas Marshall para atacar la base japonesa, pero erróneamente no a Kwajalein, sino a Jaliut. Otra agrupación al mando del contraalmirante Halsey con el *USS Enterprise* como buque insignia se situó más al norte, a la altura de Midway y una tercera fuerza, la mandada por Fletcher debía dirigirse a Wake con el *USS Saratoga*, una flotilla de destructores, un buque nodriza llevando equipos, tropas de refuerzo, suministros y un petrolero. Fletcher fue el encargado de mandar aquella fuerza pero no fue el organizador del ataque, una responsabilidad que recayó en el contraalmirante Pye, su inmediato superior como comandante de la Flota del Pacífico con base en Pearl Harbor. Pye acababa de sustituir provisionalmente a Kimmel, suspendido y degradado por su actuación en Pearl Harbor, pero el nuevo comandante en jefe del Pacífico, el almirante Nimitz, aún no había llegado a Hawai por lo que la responsabilidad recayó en el segundo jefe William S. Pye, una mala elección según todos los comentaristas e historiadores. En el excelente trabajo de Luis de la Sierra, *La guerra naval en el Pacífico** el autor se decanta explícitamente por la ineptitud de Pye y la falta de decisión de Fletcher como culpables del desastre de Wake. Kimmel, antes de su destitución, había fijado la fecha del 24 de diciembre para la llegada de la fuerza de Fletcher a Wake, pero Pye con una serie de órdenes y contraórdenes no hizo lo lógico que hubiera sido enviar a toda máquina a las tres agrupaciones hacia Wake para cortar el desembarco japonés con una evidente superioridad de los

---

* Editorial Juventud, 1979.

norteamericanos sobre la flota japonesa. En lugar de eso mantuvo la división de sus fuerzas con dos agrupaciones, la de Halsey y la de Brown muy lejos del teatro de operaciones y sin apremiar a Fletcher, que se tomó con mucha calma la aproximación a Wake a pesar de que los japoneses ya habían lanzado un primer intento de desembarco el día 11, repelido por los defensores de la isla. Los japoneses, mucho más decididos, se adelantaron un día a las previsiones de Fletcher y el 23 ya habían conseguido desembarcar en Wake apoyados por los portaviones *Soryu* e *Hiryu*. Enterado, William S. Pye, no quiso entrar en combate y tomó la decisión de ordenar a todas sus fuerzas que regresarla a la base de Pearl Harbor. Según cuenta Luis de la Sierra, los oficiales bajo el mando de Fletcher le presionaron para que desobedeciera las órdenes de Pye o al menos que las reinterpretara y enviara sus aviones contra los japoneses, pero Fletcher no quiso comprometerse y abandonó a su suerte a los casi 500 marines y más de mil civiles de Wake que fueron hechos prisioneros.

Luis de la Sierra, oficial de la Armada e Historiador, cuenta una significativa anécdota, que tuvo como protagonista a sir Winston Churchill. A finales del mes de diciembre de 1941, Churchill había viajado a Estados Unidos para entrevistarse con el presidente Roosevelt y una noche recibió en su aposento de la Casa Blanca al secretario de Marina, Frank Knox, profundamente afectado. Knox conocía ya el resultado de la pérdida de Wake y las circunstancias que lo habían rodeado y se quejó amargamente a Churchill de la actuación de Pye y de Fletcher, a lo cual Churchill, muy diplomático, le dijo: «Los almirantes siempre tiene a punto el argumento del tiempo atmosférico, del combustible o cualquier otra cosa». Knox y así lo refleja Luis de la Sierra, estaba seguro que, en ese situación, Churchill hubiera enviado a los dos almirantes a un consejo de guerra.

Dice la leyenda que Amílcar Barca, el gran caudillo cartaginés, hizo jurar a su hijo Aníbal «odio eterno a los romanos». Algo así se podría decir del Cuerpo de Marines de los Estados Unidos hacia el almirante Frank Jack Fletcher tras el desastre de Wake. Igual que en alta mar el capitán de un buque ostenta el mando, sin paliativos, sancionado por las leyes del mar y los acuerdos internacionales, el comandante de una agrupación naval en zafarrancho de combate tiene la última palabra sobre sus acciones, incluso contraviniendo las órdenes recibidas. Ese es el motivo de la animadversión del USMC hacia Fletcher que no pudo, no quiso o no supo evitar la toma de Wake y el cautiverio y la muerte de los marines defensores. De los 449 destacados en la isla 49 murieron en los combates y el resto fueron hechos prisioneros con suertes diferentes.

Sadamichi Kajioka

El día 11 de diciembre, tres días después del ataque a Pearl Harbor, o cuatro si se miden desde las Hawai, una escuadra japonesa al mando del contralmirante Sadamichi Kajioka lanzó el ataque contra el estratégico enclave norteamericano en el atolón de Wake. Este primer intento de desembarco se producía tres días después de un intensivo bombardeo aéreo que Kajioka consideró suficiente para destruir las defensas, y la moral, del exiguo destacamento de marines. La fuerza del contraalmirante la formaban tres cruceros ligeros, *Tenryu, Tatsuta y Yubari*, seis destructores, cinco embarcaciones menores, dos transportes para el contingente de FED, los infantes de marina japoneses y cinco barcos civiles de apoyo. En parte por insuficiente información y en parte por el menosprecio habitual de la oficialidad japonesa hacia la combatividad de los norteamericanos, el intento de desembarco fue un fracaso dada la inteligente defensa del mayor Devereaux y la resistencia de los marines. Kajioka ordenó la retirada de sus fuerzas y como resultado de ese primer ataque se produjeron dos hechos que pueden ser calificados de históricos; por un lado el hundimiento del destructor *Hayate*, el primer buque japonés de superficie hundido por los aviones norteamericanos. El segundo hecho importante fue que el contralmirante Kajioka no sufrió represalia alguna por su fracaso, ni fue amonestado ni suspendido en el mando, antes bien al contrario se le reforzó con dos portaviones, *Hiryu* y el *Soryu* que regresaban del ataque a Pearl Harbor. Aquel mismo día, dos aviones F4F Wildcat, los únicos que habían quedado utilizables en Wake, hundían el segundo destructor japonés, el *Kisaragi* sin que los tripulantes tuvieran tiempo de abandonarlo. No hubo supervivientes.

Reforzado con los dos portaviones de la flota del almirante Nagumo, Kajioka volvió a atacar Wake el día 23 de diciembre con el resultado ya sabido. Tras la ocupación de Wake, Kajioka fue encargado del desembarco en Salamaua–Lae en Nueva Guinea que tuvo lugar entre el 8 y 13 de marzo del año siguiente. La fuerza japonesa de desembarco estuvo al mando de Kajioka, comandante del 6º Escuadrón de Destructores, que una vez más pareció tocado por la buena suerte. Tras el desembarco, un éxito dado que la escasa fuerza australiana en Lae se retiró sin oponer resistencia, los aliados, australianos y norteamericanos, reaccionaron y la Task Force 17 al mando del almirante Wilson Brown, con base en los portaviones *USS Lexington* y *USS Saratoga* y en la base australiana de Townsville, lanzaron un ataque que cogió por sorpresa a los japoneses. El desembarco japonés ya se había consumado, pero los bombarderos y torpederos machacaron sus posiciones y los barcos auxiliares. Tres transportes, el *Kongo Maru*, el *Tenyo Maru* y el *Yokohama Maru* se fueron a pique igual que el crucero *Yubari* y los destructores *Asanagi* y *Yunagi*. Media docena más de buques fueron dañados. Sólo uno de los aviones atacantes fue derribado y otro sufrió daños pero el resto, más de un centenar, volvieron a sus bases. Kajioka ya había abandonado las aguas de Salamaua–Lae a bordo del *Yubari*, su buque insignia y no sufrió daño alguno.

Sadamichi Kajioka había nacido en 1891 en algún pueblecito de la prefectura de Ehime, en la isla de Shikoku al sur del Japón. Como ha sido históricamente habitual, su contacto con el mar formaba parte de su vida desde su infancia y en 1911 se graduó en la Escuela Naval de Nagasaki con el número 6 de su promoción. En 1931 recibió el mando de su primer buque, el acorazado *Nagara* tras haber vivido veinte años embarcado y en noviembre de 1940 fue ascendido a contralmirante.

El *USS Saratoga* tomó parte, junto con el *USS Lexington*, en el intento fracasado de liberar la Isla de Wake.

Su exitosa carrera en el mar terminó el 12 de septiembre de 1944 cuando el destructor *Shikinami* en el que viajaba fue torpedeado por un submarino norteamericano y se hundió a 280 millas al sur de Hong-Kong. Ocho oficiales y 120 hombres pudieron ser rescatados con vida, pero su comandante, capitán de corbeta Takahashi y el contraalmirante Sadamichi Kajioka murieron en combate.

Los cinco del *Nitta Maru*

Uno de los marines prisioneros en Wake fue el sargento mecánico Earl Raymond Hannum, un veterano con catorce años de servicio en los marines. Desde enero de 1941, Hannum estaba destinado en la base aérea de los marines en Ewa, en la isla de Oahu, pero a finales de noviembre él y un grupo de veteranos y bien preparados mecánicos y conductores fueron enviados a Wake donde pasaron a formar parte del Grupo Naval MAG 21 encargado de la defensa de la isla. El grupo llegó a Wake a bordo del *USS Wright* pocos días antes de la llegada de los pilotos del escuadrón VMF 211. El día 8 de diciembre (el 7 en las Hawai) la isla sufrió los primeros bombardeos de los japoneses. La base y los aviones estacionados fueron completamente destruidos y Hannum resultó herido por fragmentos de metralla aunque se negó a quedarse en el hospital y volvió a la base para intentar paliar en lo posible el desastre y poner en forma los aviones averiados. El esfuerzo fue excesivo para él, cayó enfermo de disentería y tuvo que ser hospitalizado. El día 22 de diciembre, con la destrucción en vuelo del último avión que quedaba, el personal de la base se empleó como infantería para resistir el desembarco japonés que se produjo el día 23. De Hannum se desconoce si fue hecho prisionero en combate o si le capturaron todavía en el hospital, pero el caso es que fue uno de los 450 militares apresados por los japoneses al final de la batalla. ¿Qué fue del sargento Earl Raymond Hannum?

Al parecer, tras su captura, los prisioneros atrapados en Wake fueron tratados razonablemente bien mientras permanecieron en la isla bajo la jurisdicción de los FED, las Fuerzas Especiales de Desembarco japonesas que habían tomado la isla, pero todo cambió el 12 de enero cuando los prisioneros más o menos en condiciones de viajar fueron embarcados en el *Nitta Maru*, un transporte militar con destino a Japón. Nada más embarcar los prisioneros fueron golpeados y vejados y lo que sucedió después ya no tuvo nada que ver con un combate más o menos feroz. Al parecer, un grupo de oficiales japoneses, sin instrucciones concretas de sus jefes, decidieron una venganza particular contra los norteamericanos. Las bajas japonesas, siempre con su táctica llamada «banzai» por los norteamericanos, había sido cercanas a los 900 muertos de un total de 1.500 combatientes. Los oficiales decididos a vengar esas muertes pensaron que eliminar a los pilotos, los principales responsables, hubiera sido demasiado llamativo, así que optaron por tomar cinco rehenes al azar y uno de ellos fue el sargento mecánico Earl Raymond Hannum. Tras recalar el buque en Yokohama, donde desembarcaron la mayor parte de prisioneros, hacia las tres de la tarde, cinco de ellos, Hannum, el también sargento mecánico de los marines Vincent W. Bailey y los marineros Theodore Franklin, John W. Lamber y Roy H. Gonzales fueron sacados de la bodega donde se encontraban recluidos. Los subieron a cubierta y allí, después de vendarles los ojos, fueron decapitados, sus cuerpos mutilados a golpes de katana y machete y arrojados luego al mar. En la página web dedicada a los marines desaparecidos*, se cuenta cómo sólo dos de los decapitados murieron al instante, los otros tres sufrieron varios golpes de katana hasta que fallecieron.

Earl Raymond Hannum era natural de la ciudad de Hope, en el estado de Illinois. Nació en 1908 en el seno de una familia de agricultores que se trasladó alrededor de 1910 al condado de Howard, en Iowa. En 1927, con solo 19 años, Earl se convenció que la vida de campo no era para él y se alistó en los marines. Hizo el curso de acceso en la base de San Diego y posteriormente realizó allí mismo su especialización como conductor y mecánico. Dos años más tarde intentó ser piloto, pero por alguna razón fue rechazado en la academia de vuelo y volvió a sus tareas de mecánico. Volvió a insistir en 1930 y esta vez sí consiguió realizar un curso de vuelo en la base de Quantico, pero de nuevo fue rechazado y aunque era calificado como un marine «excelente» después de cuatro años enrolado seguía sien-

* https://missingmarines.com

do soldado raso y no conseguía su sueño de ser piloto. Tal vez por eso dejó los marines después de que terminara su contrato y volvió a la vida civil, aunque por poco tiempo. Dos años después, en 1933, volvió a enrolarse y aunque intentó superar un curso para embarcar en alguno de los navíos de nuevo se vio al volante de un camión, está vez en la base de Pearl Harbor. Era 1935 y una vez más fue transferido a la Escuela de Aviación Naval en California pero esta vez sí consiguió un ascenso y convertirse en mecánico de aviones por lo que pudo formar parte de la tripulación de un Vought O2U Corsair, un biplano de exploración con un piloto y un observador. En diciembre de 1939, cuando ya la guerra había estallado en Europa, Hannum fue ascendido a sargento y en enero de 1941 fue enviado a la estación naval de Ewa, en la isla de Oahu de donde saldría hacia su destino en el atolón de Wake.

Del sargento Vincent W. Bailey apenas sí se tienen detalles de su vida anterior a la entrada en los marines. Sólo se conoce que estaba casado y vivía en Seattle. Se había alistado en 1935 y su primer destino estuvo en la base de San Diego, en California, en un escuadrón de vuelo. No se conocen datos con exactitud pero trabajaba en los comedores de la base, estuvo hospitalizado varias veces por causas desconocidas y cumplió unos meses de servicio en el portaviones *USS Saratoga*. Al igual que Hannum dejó el servicio después de sus cuatro años contratados, pero al poco tiempo de vida civil volvió a alistarse y en enero de 1940 ya era sargento especializado en armamento hasta que en enero de 1941 fue destinado a Oahu. En cuanto a los tres marineros decapitados, la información es aún más escasa. Sólo se conoce que el marinero de segunda Theodore D. Franklin había nacido en algún lugar de California y como el resto del grupo, terminó su vida en la cubierta de un carguero japonés.

3.3. Filipinas

Masaharu Homma

El día 2 de noviembre de 1941, negros nubarrones se cernían sobre Tianjin, en el norte de China. En su despacho del Cuartel General japonés del área Yu-Tianjin, el teniente general Masaharu Homma no daba crédito al documento que tenía ante sus ojos. Acababa de ser descifrado en el sótano del edificio, donde se encontraban los servicios de encriptación del Ejército y eran una orden firmada por Hajime Sugiyama, jefe de Estado Mayor del Ejército, donde se le ordenaba preparar un plan de acción para apoderarse de las Filipinas desde las bases japonesas de la isla de Taiwan, ocupada por Japón desde 1898. Homma, fiel a la cadena de mando, se puso a ello aunque seguía estando en contra de la decisión política que implicaba una guerra con Estados Unidos, algo que ya había expresado en múltiples ocasiones, siempre en contra de la mayoría de altos mandos del ejército y de la Armada. Todavía faltaba un mes para la operación de ataque a Pearl Harbor, algo que se mantenía en el más absoluto secreto y que Homma ignoraba desde luego, pero planear un ataque a las Filipinas estaba claro que era algo más que un ejercicio teórico. Para semejante operación, Sugiyama le otorgaba el mando del 14ª Ejército integrado por las divisiones 16ª y 18ª, que incluían cuatro batallones antiaéreos, tres regimientos de zapadores, dos regimientos de tanques y un batallón de artillería de campaña; unos 43.000 hombres en total, más dos regimientos de tanques y para el asalto Homma contaría también con el apoyo de la Tercera Flota del almirante Ibo Takahashi, con ocho cruceros de batalla y siete destructores. Esta flotilla estaría encargada de la defensa de la fuerza de desembarco y la cobertura de las playas, algo esencial pues el plan debía incluir por fuerza al menos media docena de objetivos en la isla de Luzón donde se concentraban la mayor parte de fuerzas norteamericanas, en Mindanao y en algunas de las islas más pequeñas. A esa fuerza había que añadir la 4ª División de portaviones, con el *Ryuju*, un portaviones ligero, de sólo 8.000 toneladas. El plan diseñado por Masaharu Homma preveía los desembarcos al día siguiente de ruptura de las hostilidades con los norteamericanos y efectivamente, el día 8 de diciembre fuerzas japonesas desembarcaron en las islas Batanes, al norte de Luzón y el día 10 lo hicieron en Camiguin y en dos puntos de la isla de Luzón, Aparri y Vigan con fuerzas llegadas desde Formosa (Taiwan). Los principales desembarcos sin embargo fueron los efectuados el día 22 en el golfo de Lingayen, también desde Formosa, el 12 en Legazpi desde Palaos y el 24 en el centro de la isla de Luzón, a tiro de Manila. Antes de eso, las fuerzas aéreas norteamericanas en las islas habían sido neutralizadas también por una serie de errores del mando norteamericano. Mac Arthur conoció el ataque a Pearl Harbor a las pocas horas de producirse, pero cuando el jefe de la Fuerza Aérea en Filipinas mayor general Lewis H. Brereton solicitó permiso para bombardear las bases aéreas japonesas en Formosa, Mac Arthur no lo autorizó perdiendo unas horas vitales. Mientras tanto, Brereton, con gran sentido común, había mantenido en el aire a sus 35 bombarderos B-17 y sus 107 cazas P-40 para evitar que fueran cazados en tierra, pero finalmente, cuando Mac Arthur autorizó el bombardeo a las bases japonesas en Formosa ya era tarde. Los aviones de Brereton aterrizaron en la base de Clark Field para aprovisionarse con vistas al ataque a Formosa y allí fueron localizados y atacados por una fuerza de 27 bombarderos Mitsubishi G3M2 y 34 Zeros que liquidaron en tierra a más de la mitad de la fuerza aérea norteamericana. En pocos días, hacia el día 15 de diciembre, la Fuerza Aérea norteamericana había desparecido prácticamente del cielo de Filipinas. Incapaces de hacer frente al avance japonés, las fuerzas norteamericanas y filipinas se retiraron a la península de Batán y la cercana isla de Corregidor donde esperaban aguantar hasta que llegaran los refuerzos de la Flota del Pacífico. Una semana después de Navidad las fuerzas japonesas entraron en Manila que había sido declarada ciudad abierta y a pesar de sus esfuerzos, Homma no logró capturar al general Mac Arthur que ya había salido hacia Corregidor. En las semanas siguientes, los japoneses cometieron el error de pensar que la resistencia había terminado en Filipinas y le retiraron a Homma la mayor parte de sus fuerzas de choque por lo que la lucha se alargó hasta principios de abril en que finalmente capitularon las fuerzas norteamericanas de Batán y Corregidor. Ahí es donde el general Masaharu Homma cometió su mayor error, o su delito, que fue delegar el traslado de los casi 80.000 prisioneros a su oficial ejecutivo, el mayor general Yoshikata Kawane y posteriormente al coronel Masanobu Tsuji. El primero, hizo cálculos de transporte y alimentación para 20.000 prisioneros en buen estado de salud y se encontró con 80.000 en gran parte enfermos de malaria. Y el coronel Tsui, desobedeciendo las instrucciones de Homma, fusiló y maltrató a los prisioneros sistemáticamente. Una cosa y otra tuvieron como corolario la muerte de miles de prisioneros por inanición, agotamiento y malos tratos, algo que al término de la guerra fue la causa del juicio y sentencia del general Homma.

La personalidad de Masaharu Homma es sin duda una de las más interesantes y controvertidas de la oficialidad japonesa en el curso de la guerra. Homma había nacido en 1888 en la ciudad de Sado, en el seno de una familia aristocrática con larga tradición militar. Su formación se dirigió pues hacia la milicia y estudió en la Escuela Militar Especial. En 1914 ingresó a la Academia de Guerra donde conoció y cimentó una gran amistad con el Príncipe Chichibu, hermano pequeño del Emperador Hirohito. Durante la Primera Guerra Mundial fue enviado como observador de la Fuerza Expedicionaria Británica que luchaba en el frente occidental y al término de la Gran Guerra fue nombrado agregado militar en la Embajada japonesa en Londres, lo que le permitió estudiar en Oxford y adquirir un gran conocimiento de la cultura inglesa, un destino que incluyó una temporada en la India, entonces parte del Imperio británico, donde estudió el comportamiento colonial de los ingleses. Homma era un militar atípico, con un gran sentido artístico, aficionado al cine norteamericano y a la cultura anglosajona en general, en nada parecido a los oficiales japoneses ultranacionalistas imbuidos del Bushido y la cultura samurai. Era un brillante estratega y una persona de gran inteligencia que se enfrentó y derrotó al general Mac Arthur en muchos sentidos.

Tras su estancia en el Reino Unido, Homma volvió a Japón, en 1932, donde fue destinado al Estado Mayor del Ejército y poco después fue nombrado Jefe de Prensa en el Ministerio de la Guerra. En 1933, con el grado de coronel, se le dio el primer mando de una unidad de combate, el Primer Regimiento de la 32ª Brigada de Infantería y en 1935 se le dio el mando de la Brigada para volver, en 1936 a formar parte del Estado Mayor. Al año siguiente, su amigo el príncipe Chichibu le reclamó junto a él como ayudante de campo. Ese mismo año recibió el nombramiento de Jefe del Segundo Departamento del Estado Mayor, es decir de la Inteligencia Militar y uno de sus logros más importantes fue el acertado informe en el que descartaba un ataque de la Unión Soviética contra Japón a raíz del estallido de la Segunda Guerra Chino-Japonesa. Sus informes al Alto Mando señalaban incluso que la guerra Chino-Japonesa debía detenerse «para evitar un desastre». A pesar de su posición, más política que militar y siempre crítica con el militarismo exacerbado de los gobiernos japoneses, su gran preparación le hizo imprescindible y en 1938 se le dio el mando de una división, la 27ª, combatiente en China y en 1940 se le ascendió a Teniente General y se le nombró responsable de las

El plan japonés consistía en desembarcar sobre diversos sectores de Luzón, principal isla de las Filipinas, con la finalidad de tomar y rodear a los estadounidenses aprovechando el factor sorpresa.

fuerzas japonesas en el norte de China para encomendarle después el asalto a las Filipinas desde Formosa.

Tras la toma de las Filipinas y la rendición norteamericana, Homma causó las iras de sus superiores, el general conde Hisaichi Terauchi pero sobre todo del Primer Ministro, general Tojo quien se enfureció cuando Homma contraviniendo sus órdenes liberó a los prisioneros filipinos y se negó a seguir la línea propagandística japonesa que pretendía acabar con la personalidad filipina, la táctica de «japonización» que se había desarrollado en Formosa. Tojo le destituyó fulminantemente y a partir de ese momento hasta el final de la guerra, Masaharu Homma permaneció poco menos que en arresto domiciliario y relegado de todo mando. Al término de la guerra los norteamericanos le juzgaron como criminal de guerra a causa de la muerte y la vejación de miles de prisioneros tras la caída de Batán. En el juicio quedó demostrado que Homma no había dado órdenes de hacer semejante cosa, antes al contrario, había ordenado que se tratara con corrección a los prisioneros y que se castigaran los desmanes, pero los jueces militares norteamericanos consideraron que aquellas órdenes no las respetaron sus oficiales y que por tanto era su responsabilidad como mando del Ejército Japonés en Filipinas. Fue condenado a muerte, pero el hecho de que se le fusilara y no se le ahorcara como a otros condenados, mostró que su caso más que un ejemplo típico de castigo a un «crimen de guerra» parecía más bien una venganza.

3.4. La batalla del Mar del Coral

Operación MO
Antes del estallido de las hostilidades en Oriente, Port Moresby era una pequeña localidad en la costa de Nueva Guinea. Desde 1873 había sido una colonia británica y fue en 1883 cuando los europeos empezaron a instalarse allí y tras el paso del sector oriental de la isla a la Mancomunidad Australiana con el hombre de Papúa, Port Moresby empezó a experimentar un lento crecimiento que se estancó hacia 1941. Hasta ese momento, la ciudad no había tenido importan-

cia militar alguna, pero ante la invasión japonesa de Nueva Guinea, la ciudad empezó a llenarse de refugiados y de soldados australianos y británicos, convirtiéndose en el último punto de resistencia contra los japoneses y construyéndose en su terreno hasta siete campos de aviación. En abril de 1942 llegaron los primeros soldados norteamericanos, se reforzaron todas las defensas y se amplió el aeródromo principal de Kila Kila, primer aeropuerto de Port Moresby, construido por los australianos en 1933. En 1942 lo tomó bajo su control la Fuerza Aérea Australiana y se amplió para acoger a los grandes bombarderos B 29.

El día 7 de marzo de 1942 tuvo lugar en Tokio una reunión crucial de los mandos japoneses en la que se pretendían aprobar los planes estratégicos del Imperio una vez cubiertos sus primeros objetivos contra los aliados. Los principales protagonistas de la reunión fueron el almirante Takasumi Oka, del Ministerio de Marina y el Jefe adjunto del Ejército, teniente general Tanabe Moritake. Los dos altos oficiales discrepaban de la dirección que debía tomar la guerra por razones enfrentadas. Por un lado, Moritake y el Ejército consideraban que la prioridad japonesa era la guerra con China y el Imperio debía fortalecerse con una férrea red defensiva a partir de las conquistas ya hechas, Filipinas, las colonias holandesas e Indochina principalmente, en parte también porque era el Ejército quien ostentaba allí la responsabilidad y el control de la situación. Por su parte, Oka mantenía que el principal enemigo estaba hacia el este, Estados Unidos y en menor medida Australia, así pues mantenía la estrategia de seguir avanzando por el Pacífico, empezando por el perímetro de Australia y luego el país mismo e incluso las Hawai apoyándose obviamente en la potente Marina Imperial y la supuesta debilidad de la US Navy. De hecho, el general Moritake también se había opuesto en su día al ataque a Pearl Harbor y mantenía que la escuadra norteamericana no había sufrido un daño irreparable pues sus portaviones se habían salvado de la incursión. Finalmente, tras dos semanas de discusiones, los mandos militares llegaron a un acuerdo, Oka y la Armada renunciaban al avance hacia el este y se conformaban con el desembarco en Port Moresby, el único enclave que le quedaba a los aliados en Nueva Guinea, más la toma de algunas de las islas más occidentales, Samoa,

Fiji y Nueva Caledonia, renunciando a desembarcar en Australia y desde luego en Hawai. El desembarco en Port Moresby se bautizó con el hombre en clave de Operación MO y se encomendó al vicealmirante Shigeyoshi Inoue. La consecuencia inmediata del acuerdo fue el movimiento de las fuerzas japonesas hacia Port Moresby lo que llevaría a la batalla del Mar del Coral.

El representante de la Armada en la tensa reunión, Takasumi Oka, había nacido en noviembre de 1890 y se había graduado en la Academia Naval en 1911 y en el Colegio Mayor de la Armada en 1923 con la especialidad del arma submarina, aunque desarrolló muchas otras especialidades lo que le convirtió en el oficial naval más influyente. En el ministerio de Marina dirigió la Oficina de Asuntos Navales, la que de hecho controlaba a la Marina de Guerra y se destacó como un firme opositor al Pacto Tripartito con Alemania e Italia a pesar de que era un gran admirador de la Alemania hitleriana. Entre otros cargos fue agregado naval en la embajada en París en 1924 y ministro plenipotenciario en la Conferencia de Ginebra de 1932.

En los meses anteriores a Pearl Harbor planteó la posibilidad de que el Ejército japonés abandonara China para terminar con la animadversión de los norteamericanos y cuando en 1941 se barajó la posibilidad de atacar Rusia*, se opuso tajantemente y aconsejó el ataque hacia el sur, lo que finalmente se llevó a cabo. Finalizada la guerra, Oka fue uno de los altos dirigentes japoneses acusado de crímenes de guerra, o para ser más exactos, de «crímenes contra la paz», por lo que fue condenado a cadena perpetua aunque fue liberado poco después y murió en diciembre de 1973.

Un rosario de errores
En la mañana del día 7 de mayo de 1942, un bombardero Douglas SBD Dauntless con base en el portaviones *Yorktown* volaba sobre el Pacífico Sur en las coordenadas 10° 3' sur y 152° 27' este. A los mandos iba teniente comandante Harlan R. Dickson y como copiloto y

---

* De hecho fue al servicio de Inteligencia soviético, el GRU, quien descubrió que el Ejército japonés se equipaba para la guerra en la selva y no en la tundra de Siberia.

ametrallador el joven teniente John L. Nielsen. El avión de Dickson y varios más habían sido enviados desde el *Yorktown* en misión de reconocimiento para intentar localizar el grueso de la flota japonesa que, según los informes de Inteligencia, se dirigía a la importante base naval de Port Moresby, en Papúa Nueva Guinea, el último bastión aliado en la isla y que, a juicio del mando aliado, sería utilizado como trampolín para la invasión de Australia. La llamada Operación Mo estaba mandada por el vicealmirante Shigeyoshi Inoue y apoyada por una flota al mando del contralmirante Aritomo Goto, compuesta por cuatro cruceros pesados, un destructor y un portaviones ligero, el *Shoho*. Todavía a cierta distancia, los japoneses contaban con otra importante escuadra mandada por el vicealmirante Takeo Takagi, y que incluía dos portaviones, el Zuikaku y el Shokaku, más dos cruceros pesados y seis destructores. El almirante Nimitz, al mando de la defensa en la zona, no estaba exactamente al tanto de las fuerzas japonesas en juego, pero temiéndose lo peor había reunido una importante flota para hacerles frente. Dos portaviones, el *USS Yorktown* y el *USS Lexington*, seis cruceros pesados, dos cruceros ligeros y once destructores, al mando del contraalmirante Frank Jack Fletcher, formaban la fuerza enviada por Nimitz al Mar del Coral.

El primer movimiento de los japoneses fue enviar una fuerza a la isla de Tulagi para construir un aeródromo y hacia allí lanzó Fletcher a sus aviones desde el *Yorktown* y el *Lexington*, pero el paso más importante fue la flotilla japonesa de desembarco que zarpó desde Rabaul con destino a Port Moresby; catorce transportes, un crucero ligero y seis destructores. Fletcher estaba convencido que el grueso de la flota japonesa navegaría hacia Port Moresby, pero no tenían la certeza. Fue entonces cuando el avión de reconocimiento de Harlan Dickson y John Nielsen localizó a varios navíos japoneses, dos cruceros pesados y dos destructores, ni rastro de buques de transporte. Nielsen codificó el mensaje y lo envió por radio, pero sucedió algo que pudo ser trágico. Lo más probable, según la investigación efectuada posteriormente, fue que el aparato de codificación estuviera mal calibrado aunque también se barajó la posibilidad de que Nielsen se equivocara al codificar. El caso es que el informe recibido por radio hablaba de «dos portaviones y cuatro cruceros pesados». Para Fletcher estaba claro, era parte de la fuerza de desembarco, el grueso de la flota japonesa en dirección a Port Moresby; hizo despegar casi cien aparatos para atacarla dejando prácticamente sin defensa a sus portaviones. Primero fue el Lexington quien envió 25 bombarderos en picado y otros tantos torpederos. Eran las 8'15 de la mañana. Media hora más tarde el Yorktown hizo lo propio enviando 27 bombarderos y 10 torpederos. A los pocos minutos aterrizaban en el *Yorktown* los aviones de reconocimiento y el teniente Nielsen presentó su informe verbalmente: «dos cruceros pesados y dos destructores»... Fletcher tuvo un ataque de furia en la cubierta del *Yorktown*, ¡había enviado a toda su fuerza aérea contra un objetivo insignificante! Furioso, reprendió en público al teniente Nielsen y le arrestó en su camarote. En el trabajo de investigación firmado por Edwin Layton, Roger Pineal y John Costello*, se cita la frase lapidaria de Fletcher con la que despidió a Nielsen: «Joven, ¿sabes lo que has hecho? ¡Le acabas de costar a los Estados Unidos dos portaviones!».

Pudo haber sido un desastre, pero la suerte y la rápida reacción de Fletcher obró a favor de los norteamericanos. En el otro bando, la Armada japonesa, hubo un error semejante. Un Mitsubishi G3M del portaviones Akagi descubrió dos navíos norteamericanos navegando en aguas del Mar de Salomón. Probablemente el mal tiempo, la niebla principalmente, confundió al piloto japonés que comunicó la presencia de un portaviones y un crucero cuando en realidad era el petrolero *Neosho* y un destructor, el *USS Sims*, lo que hizo que el almirante Takagi cayera en el mismo error que Fletcher, desprenderse de sus mejores pilotos y un centenar de aviones para atacar tan pequeño objetivo. Por su parte, Fletcher, con buen criterio, dejó en el aire a los aviones que había enviado por error con la orden de atacar solo portaviones japoneses y poco después el jefe de escuadrilla comunicaba que efectivamente, había localizado a la flotilla del almirante Goto, apenas a 30 millas de la posición dada por Nielsen.

---

* Edwin T.; Pineau, Roger & Costello, John (2006). «And I was there»: *Pearl Harbor and Midway--breaking the secrets*. Naval Institute Press.

El portaviones ligero *Shoho*, de sólo 11.000 toneladas, fue atacado amparándose en la niebla por cuatro bombarderos Dauntless, pero el capitán del *Shoho*, Izawa Ishinosuke y el piloto de la nave, con una gran pericia, consiguieron eludir las bombas con veloces cambios de rumbo. El *Shoho* tenía capacidad para treinta aeronaves, pero no tuvo tiempo de hacerles despegar. Cinco cayeron al mar a resultas de la onda expansiva de una de las bombas lanzadas por los aviones norteamericanos. Ya localizado el *Shoho*, Fletcher envió contra él a todos los aviones en vuelo. Izawa sólo pudo hacer despegar a tres aviones contra un centenar de atacantes y el portaviones fue duramente castigado y repetidamente alcanzado por las bombas de los Dauntless. A las 11'31 minutos de la mañana del día 7, el capitán ordenó el abandono del buque que era ya solo una inmensa hoguera a punto de hundirse. Tardó menos de cinco minutos en irse al fondo del Mar de las Salomón con más de seiscientos tripulantes a bordo. El capitán y el resto de la tripulación, doscientos hombres, lograron ponerse a salvo. Fue el primer portaviones perdido por los japoneses desde el inicio de la guerra.

En línea con los errores garrafales de unos y otros en aquella batalla, ese mismo día ocurrió otro incidente inaudito. Tras el hundimiento del *Shoho*, el alto mando japonés ordenó suspender la operación sobre Port Moresby ante la falta de cobertura para la flota de desembarco dado que los barcos de Takagi estaban muy lejos del teatro de operaciones, pero Fletcher no se enteró de aquellas órdenes y consideró que seguía peligrando el importante puerto en Nueva Guinea. Fletcher envió entonces una flotilla compuesta por los cruceros *HMAS Australia*, *HMAS Hobart* y *USS Chicago* y a varios destructores al mando del almirante australiano John Crace con la intención de impedir el desembarco japonés que ya había sido anulado. Por contra, los japoneses descubrieron la flotilla que fue atacada inmediatamente primero por aviones estacionados en Rabaul, pero a causa de un error de identificación, la flotilla fue atacada por segunda vez, pero en esta ocasión ¡por aviones norteamericanos pertenecientes al portaviones *Townsville* que los confundieron con japoneses! Por suerte, las defensas antiaéreas de Crace consiguieron repeler los dos ataques sin sufrir daños.

El siguiente error también corrió por parte de los japoneses. Por primera vez en la historia de la guerra naval, el combate se estaba desarrollando sin que los barcos contendientes estuvieran a la vista, es decir, que eran los portaviones los que protagonizaban el combate en detrimento de los fuertemente armados acorazados. La localización del enemigo era pues básica más aún cuando el radar todavía no era omnipresente en todos los navíos, en especial en los japoneses. Así que en condiciones meteorológicas a veces muy adversas era fundamental la localización desde el aire de los portaviones enemigos para lanzar después el ataque por parte de bombarderos y torpederos. En estas condiciones, el almirante Takagi no lograba localizar la flota norteamericana, algo vital para los planes de ataque a Port Moresby. Aquella misma noche, Takagi volvió a lanzar sus aviones en busca de los norteamericanos. No encontró a los portaviones, pero sí tropezó con una formación de aviones del *Yorktown* que derribaron varios aparatos y dispersaron la escuadrilla. Fue entonces cuando varios aviones japoneses confundieron en plena noche el *Yorktown* con uno de sus portaviones e intentaron aterrizar. Uno de los aparatos fue derribado por la defensa antiaérea aunque los otros pudieron huir rápidamente.

En la mañana del día 8 de mayo, Takagi hizo despegar de nuevo una decena de aviones para localizar los barcos de Fletcher y éste hizo lo mismo, pero fue Fletcher quien ganó la partida, al menos momentáneamente y los aviones del *Yorktown* descubrieron al portaviones Shokaku, pero no a su gemelo *Zuikaku*. El *Shokaku* fue atacado primero por las aeronaves del *Yorktown* y después por una segunda oleada desde el *Lexington* que dejó al buque japonés sin posibilidades de usar su pista de despegue y muy dañado al *Zuikaku* que había sido ya localizado. Al mismo tiempo los aviones japoneses avistaban por fin la flota mandada por Fletcher y se lanzaban contra los portaviones. Los dos navíos resultaron alcanzados, el *Yorktown* perdió la energía eléctrica y en plena oscuridad se produjo una gran confusión y varias colisiones entre los aviones que intentaban aterrizar en su cubierta. Por su parte, el *Lexington*, alcanzado por varias bombas y torpedos terminó hundiéndose a las 19 horas y 56 minutos del día 8 después de que su capitán, Frederick Carl Sherman, pusiera a salvo a toda la tripulación.

En marzo de 1943 entró en servicio un nuevo portaviones que recuperó el nombre de *Lexington*, en honor del hundido en el Mar del Coral. Ese buque, de 27.000 toneladas en vacío y 266 metros de eslora, se había empezado a construir un año antes y debía llevar el nombre de *USS Cabot*, pero se le cambió al conocerse el hundimiento del primitivo *Lexington*. Con ese nombre, el *USS Lexington* prestó servicio hasta agosto de 1955. El nombre de *USS Cabot* quedó pendiente y se le asignó a otro portaviones puesto en servicio casi al mismo tiempo que el anterior. El *USS Cabot*, de 13.000 toneladas y 189 metros de eslora participó en varias acciones en las islas Carolinas, en Palao y en las Marianas hasta que el 25 de noviembre de 1944 cuando sobrevolaban sus aparatos la isla de Luzón fue alcanzado por varios kamikazes por lo que tuvo que sufrir reparaciones que lo mantuvieron cuatro meses fuera de servicio. Participó en algunas acciones menores más hacia el final de la guerra y fue dado de baja en el servicio en 1955 pero se le mantuvo en buenas condiciones y en agosto de 1967 fue cedido a la Armada española que lo equipó como portahelicópteros y lo rebautizó con el nombre de *Dédalo* convirtiéndose en el buque insignia de la Armada. En junio de 1989 se retiró definitivamente del servicio y una parte de su cubierta de vuelo se encuentra en el Museo de la Aviación Naval de Pensacola, en Florida.

El balance de la batalla del Mar del Coral se ha calificado siempre como de tablas, pues ambas flotas, la japonesa y la norteamericana tuvieron un volumen de bajas semejantes, pero desde el punto de vista estratégico la victoria se adjudicó a los norteamericanos pues por un lado detuvieron la invasión en Papúa-Nueva Guinea y por otro la aviación naval japonesa perdió no sólo casi cien aviones sino especialmente a más de un centenar de sus mejores pilotos y ya no pudo reponerlos con personal de la misma calidad. Desde el punto de vista japonés, el hundimiento del *Lexington*, uno de los mejores portaviones de la US Navy fue considerado como un gran éxito comparado con la perdida del *Shoho*.

De los 2.951 tripulantes a bordo del *Lexington* durante la Batalla del Mar del Coral, 216 murieron en acción.

El *Shoho*, un portaviones ligero de apenas 11.000 toneladas y 180 metros de eslora, podía llevar hasta 30 aviones. Había sido en origen un tipo de buque versátil que sirvió primero como petrolero y en 1940 se convirtió en portaviones. Fue alcanzado por siete torpedos y trece bombas. Por su parte, el *Lexington* era un portaviones pesado, de 38.000 toneladas (49.000 con su carga total) y 250 metros de eslora, con capacidad para 80 aviones y una tripulación de 2122 hombres más otros tantos pilotos y personal de aviación.

El *Lexington* fue uno de los primeros portaviones construidos para la US Navy. Aunque en un principio fue diseñado como crucero de batalla, en 1922, seis años después de iniciada su construcción, se modificó para convertirse en portaviones y como tal fue botado en 1925. Podía alcanzar los 31 nudos y se instaló en él uno de los primeros sistemas de radar utilizados por la Marina de Estados Unidos. Se da la curiosa circunstancia que, entre 1929 y 1934 estuvo embarcado en él Robert A. Heinlein el afamado escritor de ciencia ficción autor de *Starship Troopers*, (Tropas del Espacio) que obtuvo el Premio Hugo de 1960 y ha sido llevada al cine por Paul Verhoeven.

El capitán insumergible

A las 11'31 de la mañana del día 7 de mayo de 1942 el capitán del portaviones *Shoho*, Ishinosuke Izawa ordenó el abandono del buque cuando éste se iba a pique ya sin remedio en el Mar del Coral. 631 hombres se hundieron con él o murieron durante el bombardeo y algo más de 300 hombres entre los que se encontraba el capitán del buque pudieron abandonarlo y apiñarse en unos cuantos botes y restos del navío. Sin embargo, como suele suceder en los desastres en el mar, el drama no había terminado, ni mucho menos. En medio de la batalla, el almirante Goto, comandante de la flota japonesa, había ordenado a sus buques que se alejaran de la zona para evitar los ataques de los aviones norteamericanos, por lo que ninguno de ellos estaba en situación de socorrer a los náufragos. Hacia las 14 horas, Goto ordenó al destructor *Sazanami* que volviera a toda máquina a la zona de hundimiento del portaviones para rescatar a los supervivientes, pero cuando llegó sólo 203 de los más de 300 estaban todavía con vida. El *Sazanami* era un destructor de la clase Fubuki, moderno y bien equipado, botado en 1931 con una eslora de 115 metros y un desplazamiento de poco más de 2.000 toneladas, armado con seis cañones de 127 milímetros y capaz de desarrollar una velocidad de 38 nudos. Llevaba una dotación de 197 hombres y estaba mandado por un hombre extraordinario, el capitán de fragata Tameichi Hara, conocido en toda la Armada Imperial como «Capitán insumergible» por su extraordinaria habilidad en el combate naval. Al mando del *Sazanami*, del destructor *Amatsukaze* o del *Shigure*, había participado en todas las batallas navales de la guerra. Con el *Amatsukaze* participó en las batallas del Mar de Java, en Midway, Salomón, Santa Cruz y Guadalcanal. En esta última batalla el *Amatsukaze* resultó dañado pero no se hundió y sí logró echar a pique al destructor norteamericano *USS Barton*. La leyenda de Tameichi Hara se fraguó no obstante al mando del *Shigure*, buque insignia de un escuadrón de destructores. El *Shigure* de Tameichi Hara participó en las batallas del Golfo de Vella, en la del estrecho de Surigao y en una misión de escolta al portaviones *Unryu*. En todas ellas, los buques que acompañaban al *Shigure* resultaron hundidos y únicamente el comandado por Tameichi Hara consiguió llegar siempre a puerto, intacto. Ya hacia el final de la guerra, en abril de 1945, al mando del crucero *Yahagi* cuando escoltaba el acorazado *Yamato*, el más grande jamás construido en el mundo, un ataque masivo de la aviación norteamericana alcanzó y hundió al buque mandado por Hara. Él sobrevivió pero la leyenda terminó en el fondo del Mar de la China.

Tameichi Hara era miembro de una antigua familia de samurais extremadamente pobre. Había nacido en octubre de 1900 en la Prefectura de Kagawa y gracias a su obstinación y a su esfuerzo consiguió ingresar en 1921 en la Academia Naval de Etajima donde quedó de manifiesto su gran capacidad por lo que su primer destino fue como instructor de oficiales navales. Pronto destacó en el estudio y el desarrollo de los torpedos como arma fundamental de la Marina y sus estudios se convirtieron en la doctrina oficial de la Armada para esa especialidad. En 1940 se le dio su primer mando, el *Amatsukaze* y en 1945 fue ascendido a capitán de navío cuando se le dio el mando del crucero *Yahagi*. Hara, tenido como uno de los marinos más notables de todos los tiempos, escribió unas detalladas memorias* consideradas altamente objetivas y un fondo documental imprescindible para los estudios navales. Tras la guerra, Hara trabajó como capitán de diversos buques de transporte de sal y falleció en 1980.

Tameichi Hara fue el único capitán de destructor japonés que sobrevivió a la guerra. En sus memorias cuenta cómo su buque, el *Shigure*, disparó una andanada contra una lancha torpedera en llamas, la PT 109, que había sido abordada de forma fortuita por otro destructor, el *Amagiri*. Dicha lancha, con ocho tripulantes, estaba manda por un oficial llamado John F. Kennedy que salió con vida del lance y llegó a ser presidente de los Estados Unidos. La marina japonesa no acabó con él, pero una conspiración norteamericana sí lo consiguió.

---

* Hara, Tameichi (1961). *Japanese Destroyer Captain.* New York & Toronto: Ballantine Books. ISBN 0-345-27894-1.

3.5. Midway

Beverly William Reid

El día 3 de junio de 1942 amaneció revuelto pero la visibilidad era buena y los aviones de reconocimiento norteamericanos, salidos de la base de Midway, esperaban tener suerte y localizar a la escuadra japonesa que se dirigía hacia el atolón. A los mandos de uno de los hidroaviones Consolidated PBY Catalina iba el alférez de navío Beverly W. Reid, de 25 años y el más veterano de los ocho tripulantes. Hacia las 9 de la mañana, el avión volaba sobre el Pacífico a unos 700 millas al sudoeste de Midway cuando el observador lanzó la voz de alarma: una formación de buques había aparecido en el mar con rumbo NNE, sin duda con dirección a Midway. El objetivo de la fuerza mandada por el almirante Nagumo, el atolón de Midway, hacía tiempo que se había detectado con un ingenioso sistema. Desde Midway, el mando norteamericano emitió un falso mensaje advirtiendo que las depuradoras de agua estaban fallando y pronto se iban a quedar sin agua potable. A las pocas horas, una retransmisión de radio japonesa detectada y descodificada informaba a la flota de que en el objetivo señalado en clave como MI, «no había agua potable». Con muy buen criterio, el capitán* Reid se mantuvo en al aire, a gran altura, observado la formación naval y anotando cuidadosamente lo que veía. Se trataba de la fuerza de desembarco mandada por el almirante Raizo Tanaka y compuesta por doce transportes de tropas, un petrolero, el crucero *Jitsu*, once destructores y los buques portadores de hidroaviones *Chitose* y *Kamikawa*. Los infantes de marina japoneses estaban probando los lanzallamas en ese momento, en la cubierta de sus transportes como parte del entrenamiento para el desembarco en Midway lo que los hizo muy visibles para Reid. Hacia las once de la mañana, con todos los datos, Reid informó al mando en Pearl Harbor de lo que había descubierto. Desde Midway se envió inmediatamente una escuadrilla de nueve bombarderos B-17 pero no fueron muy eficaces contra los

---

* El teniente de navío de la Armada es equivalente a capitán en el Ejército de Tierra.

buques de Tanaka como tampoco los tres Catalina equipados con torpedos enviados posteriormente que sólo causaron algunos desperfectos y varias bajas en el petrolero *Akebhno Maru*. Casi sin tiempo para repostar, el Catalina de Reid realizó tres misiones al día siguiente, 4 de junio, la más importante de las cuales fue la defensa del portaviones *Yorktown*, alcanzado por un torpedo hacia las once de la mañana, por cuya acción Red recibiría la Cruz Naval. El torpedo afectó a las calderas del buque lo que lo dejó inmovilizado más de una hora mientras era objeto del ataque de los Zero japoneses..

Beverly William Reid era natural de Nueva Orleans, nacido el 22 de abril de 1917 y educado en la Escuela Redentorista de su ciudad natal. Se alistó en la Armada apenas cumplidos los 18 años, en 1935 y su primer destino, tras la fase de entrenamiento, fue el portaviones *Lexington* donde sirvió durante dos años. En marzo de 1938 ingresó en la Estación Aérea Naval de Pensacola para formarse como piloto naval y se graduó un año después, en marzo de 1939. Pasó después a la escuadrilla de torpedos del portaviones *Saratoga* (CV-3) y en agosto de 1941 fue transferido a Pearl Harbor donde se encontraba el 7 de diciembre cuando los aviones japoneses atacaron Oahu. Sirvió después en el *USS Lexington* y en el *USS Enterprise* como mecánico de vuelo y fue desde el *Enterprise* donde realizó su trabajo de apoyo a la incursión Doolittle* sobre Japón. El 23 de abril dejó el trabajo como mecánico para convertirse en piloto de uno de los polivalentes Catalina, utilizados como torpederos o como aviones de reconocimiento. Tras la batalla de Midway fue ascendido y a los mandos de un VF-6 tomó parte en la batalla de las Salomón Orientales el 24 de agosto de 1942. Probablemente su avión fue derribado por un Zero japonés pero nunca se encontraron sus restos y aunque en un principio fue dado por desaparecido, finalmente se le dio por muerto en acción. En enero de 1944 entró en servicio un destructor que llevó el nombre de Beverley W. Reid.

---

* El 18 de abril de 1942, un escuadrón de 16 bombarderos B-25 atacaron la ciudad de Tokio en un raid que pretendió demostrar la vulnerabilidad del Japón a los ataques desde portaviones.

Mayor Floyd B. Parks, del Cuerpo de Marines

«Al frente de su escuadrón, en un ataque intrépido y agresivo, contra un número muy superior de bombarderos y aviones de combate japoneses, el mayor Parks ayudó a interrumpir los planes del enemigo y a disminuir la eficacia de su ataque, con lo que contribuyó significativamente al éxito de nuestras fuerzas. Como resultado de sus tácticas y su valor y debido a la circunstancias concurrentes en este compromiso, no puede haber duda de que el mayor Parks dio desinteresadamente su vida al servicio de su país». Es el texto con el que la Marina reconocía el extraordinario valor del mayor Floyd B. Parks, del Cuerpo de Marines caído en combate el día 4 de junio de 1942, el primer día de la crucial batalla de Midway. Ese día, a unos 30 millas de la isla de Midway, el escuadrón de cazas mandado por Parks, avistó a más de cien aviones japoneses comandados por el teniente de navío Joichi Tomonaga y lanzados desde su cuatro portaviones, *Akagi, Kaga, Hiryu* y *Soryu*. En total, el escuadrón de Parks contaba con menos de veinte aviones «Buffalo» Brewster F2A-3 y Grumman F4F-3 «Wildcat» muy inferiores a los cazas japoneses, 50 Zeros según el informe posterior y no hubo color. Los primeros en lanzarse a la lucha tan desigual fueron los pilotos de la escuadrilla del capitán John F. Carey a los que siguieron el resto de los aparatos. En pocos minutos los

norteamericanos perdieron diecisiete aparatos, entre ellos el del comandante del escuadrón Floyd B. Parks por sólo tres Zeros japoneses derribados. Del enorme esfuerzo hecho por Parks y sus hombres da fe el primer párrafo del informe oficial sobre la batalla de Midway que permaneció secreto hasta 1997. «Las únicas unidades de aviación existentes en la Isla del Este (Eastern Island) eran las pertenecientes al MAG-224: el VMSB-241 y el VMF-221 con su plana mayor y escuadrón de intendencia. El 20 de mayo de 1942 el personal ascendía a un total de 47 oficiales y 335 hombres. Los aviones totalizaban 21 F2A-3 y 21 SB2U-3, estando sólo 17 disponibles de éstos últimos. El alojamiento y las instalaciones estaban pobremente acondicionadas y eran insuficientes para este número de oficiales y soldados, teniendo algunos de éstos últimos que dormir al raso».

Los aviones japoneses descargaron su ataque sobre Midway dañando gravemente a la base. Según el informe citado, el generado eléctrico y los conductos de combustible quedaron destruidos, así como el puesto de mando y el depósito de munición de los aviones. Las pistas quedaron cubiertas de cráteres aunque esta vez los atacantes no lograron alcanzar los aviones en tierra. El número de bajas no fue elevado, seis muertos y una veintena de heridos, pero el personal de vuelo se llevó la peor parte, 37 desaparecidos, muertos

El servicio de inteligencia de Estados Unidos había conseguido descifrar un mensaje japonés en el que se anunciaban las intenciones de atacar las islas de Midway por lo que Estados Unidos pudo concentrar unas fuerzas considerables en la zona.

con toda seguridad y caídos al mar y nueve heridos que pudieron ser rescatados.

Floyd B. Parks era el mayor de los dos hijos de James y Elizabeth Anne Parks, aunque su padre tenía otro hijo fruto de su primer matrimonio del que había quedado viudo. Floyd nació en Salisbury en el estado de Missouri en enero de 1911 e ingresó en la Marina en 1928 cuando aún no había cumplido los 18 años. Sirvió dos años en varios destructores y en 1930 consiguió ser admitido en la Escuela Naval. No era precisamente disciplinado y recibió varios castigos por diversas infracciones aunque sí destacaba en todo tipo de deportes, desde el futbol americano al waterpolo. Curiosamente también fue admitido en el coro y finalmente se graduó en 1934 pero inmediatamente solicitó una comisión de servicio para el Cuerpo de Marines. Se le dio el grado de subteniente y diversos destinos hasta que en mayo de 1936 se inscribió para recibir entrenamiento como piloto. Obtuvo el título de aviador naval en 1937 y aún le quedó tiempo para casarse, en julio de 1940, con su novia Margareth Elizabeth Murray. Siguió con su formación como piloto hasta que finalmente, en marzo de 1942 fue enviado a Midway donde fue ascendido a mayor y se le dio el mando del escuadrón Fighting Dos Veinte Uno (VMF-221) donde encontraría la muerte.

El ataque japonés fue dirigido por el teniente de navío Joichi Tomonaga, comandante de la unidad aérea de portaviones *Hiryu*. Tenía 31 años y era un veterano de la guerra chino-japonesa desde 1937. A bordo del *Hiryu* había participado en el ataque a Pearl Harbor, en la batalla de la isla de Wake y en la incursión en el Océano Índico. Al día siguiente del bombardeo sobre Midway, cuando ya los tres portaviones japoneses habían sido hundidos, despegó con su Nakajima B5N para dirigir el ataque contra el portaviones Yorktown a pesar de que su avión, averiado, no tenía suficiente combustible para regresar al portaviones. Nada más lanzar su torpedo contra el buque norteamericano su avión perdió un ala y el aparato se estrelló en el mar. Tomonaga no sobrevivió.

Yorktown, *el portaviones perdido*

Tras la experiencia vivida en la batalla del Mar del Coral, el marinero Miles A. Putnam había llegado a la calificación AM1 / C, la más alta que un mecánico de armas antiaéreas podía tener a bordo del portaviones *USS Yorktown*. Su trabajo en Pearl Harbor, donde se hallaba el portaviones sometido a algunas reparaciones aquel día 29 de mayo, consistía en montar un par de ametralladoras de calibre 30 en la pasarela del lado de babor del barco, justo enfrente de la isla de Ford. El *Yorktown* había resultado tocado de cierta gravedad cuando una bomba de 350 kilos impactó en el costado del buque afectando a las calderas, pero cuando Putnam recibió la orden de no descansar hasta que el trabajo estuviera terminado supo que algo grave estaba pasando. En 24 horas, las reparaciones que necesitaba el *Yorktown* estuvieron listas. Más de 1.400 obreros además de la tripulación trabajaron sin descanso para poner a punto el navío que de otro modo hubiera necesitado tres meses. El motivo de aquel milagro de eficacia no era otro que el ataque inminente de la flota japonesa a Midway y la orden del almirante Chester Nimitz, comandante en jefe de la Flota del Pacífico, de enviar a Midway a todos los buques disponibles lo que concentró una flota compuesta por los portaviones *Enterprise, Hornet* y *Yorktown*, ocho cruceros, quince cazatorpederos, diecinueve submarinos y cerca de 380 aviones de combate.

El *Yorktown* llegó el día 4 de junio a aguas de Midway, justo cuando el almirante Nagumo lanzó su primer ataque aéreo sobre la isla y el portaviones entró en combate inmediatamente. A las 8'30 de la mañana, los torpederos del *Yorktown* salieron en busca de los portaviones enemigos pero ese primer intento terminó en un auténtico desastre, sólo seis aviones pudieron regresar al *Yorktown* y al *Enterprise*. Después de que los bombarderos en picado norteamericanos atacaran y hundieran a los tres portaviones japoneses, el *Kaga*, el *Akagi* y el *Soru*, el cuarto, *Hiryu*, separado de los demás y relativamente a salvo, lanzó sus aviones contra el desguarnecido *Yorktown*.

Putnam estaba disparando sus ametralladoras cuando la primera de las tres bombas lanzadas por los aviones Aichi D3A, llamados Vals por los norteamericanos, golpeó la base de la torreta, justo detrás de él. Putnam intentó apagar el incendio subsiguiente con una de las mangueras, pero la presión del agua cedió enseguida por lo que empezaron a atacar el fuego con los extintores. En un primer momento pareció que el barco aguantaba a pesar de que estaba escorado a babor en un 26 por ciento, los fuegos habían sido controlados y aunque el buque permanecía al pairo, se le estaba intentando remolcar para sacarlo de las aguas más peligrosas. Putnam había vuelto a su puesto en la ametralladora cuando dos torpedos alcanzaron al buque por el lado de babor. Putnam pudo ver como, por debajo de él, la plataforma donde varios artilleros ocupaban sus puestos, había desaparecido por la explosión. Minutos después llegó la orden de abandonar el barco y Putnam se descolgó por el casco agarrado a una de las mangueras. De la batalla en el Mar del Coral había aprendido que hacerlo por uno de los cabos o los cables preparados al efecto podía hacer que acabara con las manos quemadas. Después de nadar casi una hora por un mar cargado de aceite y de petróleo fue rescatado por marineros del destructor *USS Benham* (DD-397) y junto a cientos de otros supervivientes del *Yorktown* fue enviado a Pearl Harbor.

A las 7'01 de la mañana del día 7 de junio, el portaviones *Yorktown* volcó sobre el costado de babor y empezó a hundirse por la popa hasta desaparecer bajo las aguas del Pacífico a más de 5.000 metros de profundidad.

Aunque su contrato con la Marina terminaba en 1943, Putnam se reenganchó hasta el final de la guerra y fue transferido a la reserva naval. En 1965 se retiró definitivamente con el grado de capitán de corbeta.

Miles A. Putnam se había alistado en la Armada en enero de 1939, a la edad de 18 años y dos días. Después de su periodo de entrenamiento en San Diego, fue enviado a Norfolk, Virginia, para su formación como mecánico y como piloto. Terminado su adiestramiento fue asignado al Escuadrón de Bombardeo 5 (VB-5) a bordo del *USS Yorktown* en el que permaneció hasta su hundimiento en Midway.

Tamon Yamaguchi y el Hiryu

En las memorias y en diversas entrevistas y colaboraciones en prensa, el capitán Mitsuo Fuchida hacía referencia a una escena en la que supuestamente él participó, a bordo del portaviones *Akagi* el día 7 de diciembre de 1941cuando varios altos oficiales instaban al almirante Chuichi Nagumo a lanzar una tercera oleada de bombarderos sobre la base de Pearl Harbor*. Hay serias dudas de que Fuchida, un oficial de baja graduación, estuviese en esa reunión o en todo caso si estuvo en ella no es creíble que discutiera con el almirante jefe de la Flota que atacaba la base norteamericana. Quien sí estaba y reclamó con vehemencia un tercer ataque era el contraalmirante Tamon Yamaguchi, comandante en jefe de la Segunda División de Portaviones, con el *Hiryu* y *Soryu* bajo su mando. El *Hiriyu*, su buque insignia, era un portaviones rápido de 21.000 toneladas a plena carga con sus 73 aviones y sus 1.100 marineros y oficiales. Medía 222 metros de eslora y podía alcanzar una velocidad de más de 34 nudos con sus motores de cuatro turbinas. Estaba bien dotado, con 43 cañones antiaéreos y era gemelo del *Soryu*.

El día 4 de junio, Yamaguchi lanzó sus aviones contra la base de Midway causando grandes destrozos pero luego las cosas empezaron a complicarse. Los Nakajima B5N del *Hiryu* habían atacado con sus bombas a la base norteamericana, pero para el ataque a los portaviones norteamericanos debía instalarse torpedos, una operación que requería su tiempo y dejaba muy vulnerable al portaviones mientras se realizaba. Siguiendo órdenes de Nagumo, Yamaguchi realizó el cambio, pero una contraorden del almirante jefe de la Flota le exigía volver a cargar bombas en los aparatos para un segundo ataque a Midway. Yamaguchi desobedeció la orden y lanzó al aire sus aviones armados con torpedos. La situación del portaviones *Hiryu*, alejado hacia el nordeste del resto de la flota, le salvó de la destrucción cuando el *Kaga,* el *Soru* y el *Akagi* fueron alcanzados y hundidos por los norteamericanos. Conociendo que ya la batalla estaba perdida, Ya-

---

* La discusión sobre si Nagumo tomó la decisión adecuada sigue abierta hoy en día y no está claro si una tercera oleada hubiera sido adecuada.

maguchi se alejó aún más del resto de la flota de Nagumo y tomó la decisión de paliar en lo posible la gran derrota. Sus 18 aviones Vals, armados todavía con los torpedos, salieron en busca del *Yorktown* al que alcanzaron tras un feroz combate en el aire con los Wildcats norteamericanos. El *Yorktown* quedó irremediablemente tocado tras el ataque, pero cuando los aviones japoneses, en la cubierta del *Hiryu*, se disponían a lanzar otro ataque fueron sorprendidos por la llegada de los bombarderos en picado Douglas SBD Dauntless procedentes del *USS Enterprise*. En el puente del *Hiryu*, el contralmirante Yamaguchi vio como el portaviones quedaba prácticamente desmantelado, con su cubierta inservible, los aviones destruidos y su tripulación diezmada. No se conoce el momento en el que Yamaguchi pereció, pero tanto él como el capitán del buque, Kako Tameo perecieron antes de que el buque fuera enviado a pique por uno de sus propios destructores. Se ha especulado con la posibilidad de que las últimas acciones del almirante Yamaguchi fueran un modo de suicidarse siguiendo las estrictas normas del Bushido, pero también es cierto que aunque hubiera intentado poner a salvo su portaviones navegando hacia el oeste lejos de Midway lo más probable es que hubiera sido descubierto por los aviones norteamericanos y atacado y hundido de todos modos. De su talante absolutamente imbuido del samurai japonés y del código del Bushido dan fe sus últimas acciones en el *Hiryu*. Cuando el buque ya estaba condenado reunió en cubierta los ochocientos tripulantes que quedaba vivos, les hizo lanzar el grito de guerra «¡banzai!» por tres veces mirando hacia Japón y luego cantar el himno nacional. Tras ello dio orden de abandonar el barco. Él y el capitán Tameo no lo hicieron y su rastro se perdió en aquellos últimos minutos.

Tamon Yamaguchi nació en agosto de 1892 en la prefectura de Shimane, aunque otras biografías lo sitúan en Ishikawa, en el área de Tokio. En 1910, con 18 años, ingresó en la Academia Naval donde se graduó dos años después. En 1918 se diplomó como oficial de navegación y fue enviado a Washington como adjunto al agregado de la Armada en Estados Unidos. En 1921 se matriculó en la Universidad de Princeton donde estudió Historia de América; no intentó obtener el título oficial y regresó a Japón en 1923 donde completó sus estudios en la Escuela de Estado Mayor Naval. En 1929 formó parte de la Delegación japonesa que participó en la Conferencia Naval de Londres y a raíz de aquella conferencia fue enviado de nuevo a Estados Unidos como agregado naval de Japón entre los años 1934 y 1937. A su vuelta fue nombrado Jefe de Gabinete la 5ª Flota japonesa de 1938 a 1940 y ya como contralmirante se le dio el mando de los portaviones *Hiryu* y *Soryu*. Tenido como un oficial altamente eficaz, su nombre era el primero de la lista para suceder al almirante Yamamoto y fue ascendido a vicealmirante a título póstumo.

El piloto resucitado

A las 4 y media de la madrugada del día 4 de junio, el teniente de navío Ayao Shirane despegó del portaviones *Akagi* a los mandos de su Mitsubishi A6M Zero. Shirane mandaba una escuadrilla de nueve aparatos y su objetivo era la isla de Midway donde debía encargarse de destruir las defensas costeras, los aviones norteamericanos y las pistas de aterrizaje. Todo ello para facilitar el desembarco de una fuerza de 5.000 infantes de marina que debían tomar el atolón. A unas 35 millas del atolón, los Zero de Shirane se enfrentaron a los anticuados aviones Grumman F4F Wildcat y Brewster F2A Buffalo de los marines que no fueron enemigo para los Zero. De regreso al portaviones, Shirane y sus pilotos debieron enfrentar entonces el ataque de los aviones torpederos y bombarderos en picado que habían despegado de Midway antes del bombardeo de los japoneses, pero tampoco consiguieron gran cosa diezmados por la artillería antiaérea y los Zero. Todo parecía augurar un éxito en el ataque a Midway, pero a las pocas horas, el teniente de navío Shirane tuvo que ver, impotente, desde el aire como el *Akagi* era atacado y hundido por los aviones norteamericanos.

Ayao Shirane nació en Tokio en 1916 en el seno de una familia prominente y su padre era un alto funcionario del gobierno. Asistió a la Academia Naval de Etajima y en 1939 se graduó como alférez de las fuerzas aéreas navales con la especialidad de piloto de combate. Su primer destino fue el grupo del aire número 12 Kokutai, enviado al frente chino. Fue uno de los primeros pilotos en volar con el nuevo Mitsubishi A6M Zero y participó el 19 de agosto de 1940 en el bombardeo de la ciudad china de Chungking, una acción en la que no hubo combate aéreo pues los chinos no tenían aviones a su disposición. Poco después, el 13 de de septiembre de 1940, recibió su bautismo de fuego en un combate sobre Hankow donde la escuadrilla de Zero dirigida por el teniente de navío Saburo Shindo derribó 27 aviones enemigos sin sufrir ninguna pérdida, lo que demostró la enorme superioridad del Mitsubishi A6M. Tras el servicio en China fue destinado al portaviones *Akagi* donde realizó labores de Estado Mayor y no participó directamente en el ataque a Pearl Harbor. Tras su participación en Midway y el hundimiento del *Akagi* fue destinado al portaviones *Zuikaku* y con él tomó parte en la batalla de Guadalcanal en noviembre de 1942. Posteriormente fue destinado a la base de Yokosuka y ascendido a capitán de corbeta. Su alto nivel como piloto le hizo tomar a su cargo las pruebas del nuevo caza N1K Kawanishi, llamado «George» o «Rex» por los aliados. Destinado a la base filipina de Mabalacat en la isla de Luzón se enfrentó en duros combates contra la aviación norteamericana que preparaba el asalto a las Filipinas y fue derribado y muerto en el combate aéreo de Leyte el 24 de noviembre de 1944.

Las diversas y precarias biografías de Ayao Shirane le dan por muerto el 24 de noviembre de 1944 en Leyte. No obstante, en la lista de puntuación de la Imperial Japanesa Naval Air Force elaborada en diciembre de 2000 por Al Lowe y citando varias fuentes, aparece el nombre de Aya Shirane pero ninguna referencia a su muerte, cosa que sí se ve claramente en otros pilotos. En algún foro dedicado a la guerra de Vietnam, se cita no obstante el hecho de que Ayao Shirane sobrevivió a las heridas en Guadalcanal y tras la guerra volvió a la Marina Imperial y fue destinado a ayudar a formar la Marina de la República de Vietnam del Sur. Ese extremo no ha podido ser confirmado.

El destino de Jisaku Okada

El día 4 de junio, a las 10'40 de la mañana, una bomba lanzada desde un bombardero en picado llegado desde el *USS Enterprise* cayó exactamente en el puente de mando del portaviones *Kaga* matando a todos los oficiales presentes en él, incluido su comandante, el capitán de navío Jisaku Okada. El *Kaga* era un portaviones de 33.000 toneladas de desplazamiento y una dotación de 2.000 hombres, incluidos los pilotos de los 90 aviones que podía transportar. En origen había sido diseñado como un acorazado y botado en noviembre de 1921, pero siguiendo las convicciones del almirante Yamamoto había sido transformado en un portaviones, primero de tres cubiertas de despegue y posteriormente de una sola.

Una de las pocas fotografías que existen de los tripulantes del portaviones *Kaga* es una de autor desconocido tomada el día 6 de diciembre de 1941, horas antes del lanzamiento del ataque contra la base de Pearl Harbor. En ella puede verse a un grupo de pilotos escuchando las explicaciones del teniente Ichiro Kitajima, líder del grupo de bombarderos del *Kaga*, antes de salir hacia sus objetivos. El *Kaga*, tras diversas operaciones en la guerra chino-japonesa, tuvo un importante protagonismo en el ataque a la base norteamericana en Hawai y tras aquella operación fue enviado al puerto de Karashima situado al noreste de la metrópoli de Tokio, en la isla de Shikoku y de ahí al importante puerto de Truk en las islas Carolinas. Al mando de Jisaku Okada, el *Kaga* participó en varias operaciones más, en especial en la toma de la importantísima base de Rabaul y también en las operaciones de Puerto Darwin, Dabau y Java. Todo ello a pesar de un incidente ocurrido el 27 de febrero cuando chocó con un arrecife en las cercanías de la isla de Palau, lo que le provocó una gran vía de agua que le impidió desarrollar su velocidad de crucero. En esas precarias condiciones participó en la operación de Java y posteriormente fue enviado para su reparación a Sasebo en la isla de Kyushu. Ya en perfectas condiciones formó parte de la flota enviada a Midway y allí llegó el día 4 de junio. Tras enviar sus aviones contra las defensas del atolón, el *Kaga* recibió el ataque de los bombarderos en picado del *USS Enterprise*. Al menos cuatro bombas y posiblemente diez hicieron impacto en el buque causando un elevadísimo número de bajas, entre ellas la totalidad de la oficialidad. El buque ardió como una tea aunque se mantuvo a flote durante varias horas y a las 17 horas de aquel mismo día se dio orden de abandonarlo. Dos horas y media después, a las 19'30 dos grandes explosiones lo partieron por la mitad y se hundió rápidamente. Algunos supervivientes manifestaron que el capitán todavía estaba vivo cuando el buque se hundió, pero muriera en la explosión del puente o posteriormente, el hecho es que no sobrevivió.

Jisaku Ojada había nacido en agosto de 1893 en la prefectura de Ishikawa, en la isla de Honshu. Tras su paso por la Escuela Secundaria ingresó en la Academia Naval donde se graduó en 1915 especializándose en artillería y siendo destinado después al acorazado Katsura. En 1922 consiguió su título de piloto naval y en 1926 fue nombrado instructor de vuelo. Después de su paso por la Escuela de Guerra Naval fue nombrado capitán del portahidroaviones *Noto Lu*, del portaviones *Ryujo* y finalmente del *Kaga* donde halló la muerte.

3.6. Guadalcanal

Cuestión de información

A principios del mes de julio de 1942, un grupo de civiles, mandados por el capitán Martin Clemens del Servicio Colonial británico, se apostó cerca del lugar conocido como Punta Lunga, al norte de la isla de Guadalcanal, en el archipiélago de las Salomón. El grupo, organizado por Clemens desde meses antes, se había retirado a las profundidades de la selva desde la llegada de los japoneses, tres meses antes, y se había dedicado a estudiar sus movimientos e informar al mando norteamericano. Clemens y los suyos jugaban al ratón y al gato con los japoneses, con riesgo de sus vidas naturalmente, sin preparación, sin apoyo exterior y sólo con una radio, algunas armas pasadas de moda y suministros limitados que apenas les daban para sobrevivir. Aquel día de julio, Clemens se percató de que un nutrido grupo de trabajadores japoneses y autóctonos, más de dos mil, estaban aplanando el terreno, cerca de la costa, ayudados por bulldozers y otra maquinaria pesada. Los grandes propietarios de

La llamada Batalla de Guadacanal fue la primera ofensiva lanzada
por los Aliados contra el Imperio de Japón el 7 de agosto de 1942
y que se prolongó hasta el 9 de febrero de 1943.

las plantaciones de coco, la mayor riqueza de las islas, habían huido precipitadamente dejando a sus trabajadores abandonados, muchos de ellos traídos desde otras islas y Clemens tomó bajo sus responsabilidad protegerles y facilitar su evacuación si ello era posible. Junto a Clemens un grupo de hombres encuadrados en la organización australiana de vigilantes de las costas se entregó a la labor compartiendo privaciones y carencias con la gente del país. La llegada masiva de trabajadores, técnicos y soldados japoneses hizo imposible la permanencia del grupo de Clemens en la zona selvática cercana a la costa y les obligó a refugiarse en las escarpadas colinas del interior, pero lo que sí pudo hacer Martin Clemens fue informar por radio que los japoneses construían un aeródromo, algo evidente. Los primeros ingenieros japoneses habían llegado en mayo para estudiar el terreno al que llamaron RXI y del que los aliados ya tenían noticias pero sin lograr concretar de qué se trataba. La información de Clemens fue crucial para que el almirante Nimitz, al mando de las operaciones en el Pacífico, tomara la decisión de desembarcar en Guadalcanal y hacerse con el aeródromo. El día 7 de agosto, poco después de las 9 de la mañana, 11.000 marines de la Primera División al mando del mayor general Alexander Vandegrift desembarcaron en las cercanías del campo de aviación casi sin encontrar resistencia y otros 5.000 lo hicieron en las cercanas islas de Tulagi, Gavutu y Tanambogo.

Clemens recibió felicitaciones y condecoraciones por su extraordinaria labor y fue incorporado al dispositivo de los marines en Guadalcanal siguiendo con sus labores de espionaje y atención a la población civil.

Martin Clemens era natural de Aberdeen, Escocia, nacido en 1915 y era hijo de Warren Clemens, músico de profesión. Estudió Agricultura y Ciencias Naturales en la universidad de Cambridge, graduándose en 1937. En 1938 obtuvo el ingreso en el Servicio Colonial y su primer destino fue el Protectorado de las Islas Salomón, donde se relacionó intensamente con los indígenas. Al estallar la guerra intentó alistarse pero el Ejército no lo aceptó al tratarse de un funcionario*, pero lo que sí hizo fue inscribirse como voluntario en la Fuerza Civil de Defensa de las islas. Ante el peligro de invasión por parte de los japoneses fue evacuado a Australia pero tanto insistió que le volvieron a enviar a Guadalcanal como miembro de los vigilantes de costa australianos con la misión de evacuar de la isla a los residentes británicos y chinos. Tras la invasión japonesa, Clemens, por propia iniciativa y sin preparación para ello se propuso montar una red de espías que mantuvieran informados a los aliados de las defensas y los movimientos de los invasores. De un modo sorprendente fue capaz de levantar una red de espionaje y de pequeños actos de sabotaje sin apoyo exterior, con la sola ayuda de otros voluntarios nativos y europeos. Al finalizar la guerra, y después de recibir condecoraciones y menciones australianas, británicas y norteamericanas, en especial del Cuerpo de Marines, Martin Clemens fue comisionado en el Protectorado británico de Palestina entre 1946 y 1947 donde su-

* Las leyes británicas no permitían que un funcionario en activo se alistara en el Ejército y dejara su puesto.

pervisó la retirada británica de la provincia de Samaria y de la franja de Gaza. En 1948, tras la creación del estado de Israel, fue enviado a otro punto de conflicto, Chipre, donde se hizo famoso por ser capaz de transitar por la calle Ledra de Nicosia, acosada por los francotiradores, con absoluta sangre fría y sin recibir ni un rasguño. En 1961, Clemens se instaló como criador de ovejas en Australia, cerca de Melbourne, de donde era originaria su esposa y murió en mayo de 2009 a los 94 años.

El sol naciente sobre Guadalcanal

Amanecía día 12 de noviembre de 1941. Desde el puente de mando del acorazado *Hiei*, el vicealmirante Hiroaki Abe contempló el cielo encapotado, el mar agitado y oscuro y luego con un gesto ordenó la salida de la flotilla que mandaba. Eu su bocamanga lucía los galones de vicealmirante, grado al que acababa de ser promovido después de su actuación en las batallas de las Salomón Orientales y en la de las islas de Santa Cruz donde las fuerzas japonesas habían hundido el portaviones *Hornet* y habían dejado gravemente averiado al *Enterprise*. Abe mandaba una flotilla compuesta por una decena de buques que incluía dos acorazados, el *Hiei* y el *Kirishima*, el crucero ligero *Nagara* y doce destructores, más once barcos de transporte con siete mil soldados con sus equipos de combate, tanques, artillería y vehículos con destino la isla de Guadalcanal, ocupada casi en su totalidad por los norteamericanos en el ataque sorpresa del día 7 de agosto. La flotilla salió de las islas Shortland donde se habían reabastecido y navegó por el estrecho de Nueva Georgia hacia su destino al norte de la isla de Guadalcanal, pero un avión de reconocimiento norteamericano localizó la formación y dio aviso inmediatamente. Las órdenes de Abe eran conducir la flotilla de desembarco y bombardear el campo de aviación bautizado por los norteamericanos como Campo Henderson, cuya construcción habían iniciado los japoneses pero que los marines norteamericanos habían tomado sin lucha y habían conseguido poner en funcionamiento. Tras el aviso del piloto de reconocimiento, el almirante Richmond K. Turner, al mando de la Flota de defensa del Guadalcanal, ordenó a su subordinado el almirante Daniel J. Callaghan que saliera al paso de Abe con una

El crucero USS San Francisco tratando de reparar sus heridas de guerra después de la batalla de Guadalcanal.

flotilla compuesta por los cruceros pesados *San Francisco* y *Portland*, los cruceros ligeros *Helena, Juneau* y *Atlanta* y ocho destructores. El almirante Hiroaki Abe, en el puente del *Hiei*, estaba inquieto y preocupado. Sospechaba que su formación había sido descubierta, pero no podía estar seguro y tampoco podía detener una operación diseñada en todos sus detalles por el almirante Yamamoto. La visibilidad en el estrecho de Sound era escasa pero sus buques estaba a sólo 16 millas del punto que debían bombardear, el Campo Henderson. Lo que Abe ignoraba era que frente a él, todavía oculto en la oscuridad de una noche sin luna, desapacible y con los cielos cubiertos, se encontraba la formación de Callaghan. De nuevo, como en el caso del Mar del Coral, entraron en juego los errores y los fallos de unos y otros. Varios barcos norteamericanos, equipados con radar, descubrieron la formación del almirante Abe, pero por alguna razón todavía desconocida no lo comunicaron al almirante Callaghan o éste no supo interpretar los mensajes recibidos. El caso es que pasada la 1'30 de la madrugada del día 13, ambas flotillas se toparon por sorpresa, totalmente desconcertados ambos almirantes y sin un plan concreto de acción. Las dos flotillas se mezclaron y a la vista unos de otros empezaron a disparar hundiendo los norteamericanos al destructor *Akasuki* y dañando gravemente los japoneses al crucero *Atlanta*. Por si fuera poco, en medio del caos y la oscuridad, el Atlanta recibió una andanada de «fuego amigo» disparada desde el *USS San Francisco*. El *Nagara* por parte japonesa y el *Cushing* por parte norteamericana fueron también alcanzados y cuando el almirante Abe ordenó encender los potentes focos del *Hiei* para intentar localizar sus objetivos lo que consiguió fue convertirse en el blanco de la mayor parte de los buques estadounidenses que descargaron su fuego sobre él. El intenso combate duró aproximadamente unos 40 minutos y hacia las 2'30 de la madrugada cesaron el fuego y se alejaron unos de otros.

En el puente del *USS San Francisco*, buque insignia de la flotilla norteamericana, quedó el cadáver del almirante Daniel J. Callaghan y en el *Atlanta* el de su inmediato subordinado, el almirante Norman Scott. En ese momento los norteamericanos habían perdido dos cruceros y siete destructores y el oficial de más alto rango superviviente, el capitán del *Helena*, Gilbert Hoover, ordenó la retirada. El almirante Hiroaki Abe tuvo ahí su oportunidad, pudo haber tomado la iniciativa pues sus fuerzas eran muy superiores a las norteamericanas a pesar de haber perdido dos acorazados y una parte de los buques de transporte, pero estaba en condiciones de retomar el plan de bombardeo del campo Henderson ya sin resistencia por parte de la Armada norteamericana. Pero todo eso lo ignoraba en aquel momento y no tenía conocimiento de lo tocada que estaba la flotilla de Hoover por lo que también dio orden de retirada. Poco después, aviones norteamericanos localizaban al acorazado *Hiei* que fue alcanzado y hundido, aunque Abe sobrevivió al ataque. Su prematura retirada de la operación que debía llevar a cabo, el bombardeo del campo Henderson, y la pérdida de su buque insignia le acarreó la furia del almirante Yamamoto que le sustituyó en el mando de las fuerzas que le había confiado, la 3ª división de acorazados y la 11ª división de batalla y poco después fue obligado a renunciar a la Armada con deshonor.

Sin embargo, la carrera de Hiroaki Abe había sido impecable hasta el momento crucial de Guadalcanal. Nacido en la prefectura de Yamagata en 1889 se graduó en la Academia Naval Imperial en 1911 con el número 39 de su promoción. Se especializó en artillería naval y fue desarrollando su carrera en diferentes cruceros y acorazados. Tras su paso por la Academia de Artillería Naval se convirtió en un auténtico experto en artillería y en torpedos. Tras la Primera Guerra Mundial tuvo varios empleos en los despachos de la Armada hasta que en 1922 se le dio el mando de su primer buque, el destructor *Ushio*. En 1933, ya como capitán de navío recibió el mando del acorazado *Fuso* y en 1938 fue ascendido a contralmirante y se le dio el mando de una división de cruceros pesados, la 8ª con la que participó en las acciones de Pearl Harbor y la isla de Wake. Ascendido a vicealmirante, Yamamoto confió en él para la importantísima batalla de Guadalcanal, pero tras aquel fiasco, el almirante Yamamoto le acusó de falta de agresividad, o lo que es lo mismo de cobardía. Abe falleció en 1949 a los 60 años en total olvido.

Un radiotelegrafista llamado Henry Stewart
Henry Stewart miembro de la tripulación del *USS South Dakota* durante cuatro años, radiotelegrafista, recordaba años después que su

puesto de combate estaba en lo alto de la estructura de la segunda cubierta, con una vista perfecta de la nave y del mar a su alrededor. De ese día de noviembre, recuerda: «Nos detuvimos en el Canal, al norte de Australia y el sur de la isla de Savo y establecimos una trampa para los japoneses que cayeron ella. Establecimos contacto con el *USS Washington*, el buque insignia del almirante Lee, el comandante de nuestra escuadra acorazada y le dijimos que habíamos avistado dos objetivos. La orden fue: 'abrir fuego cuando esté listo'. Fuimos a la batalla un minuto después de la medianoche. Nuestro barco disparó tres salvas de una sola vez. Acertamos a un barco de suministro enemigo, se partió por la mitad y se hundió en sólo cuestión de minutos».

El *USS South Dakota* era un acorazado, el primero de la clase que llevaba su nombre, de 35.000 toneladas, 207 metros de eslora y una dotación de 1793 oficiales y marineros. Estaba armado con nueve cañones de 406 mm. y medio centenar de cañones antiaéreos de 40 y 20 mm y mandado por el capitán de navío Thomas Leigh Gatch quien, además de la carrera naval, tenía en su haber el ser un profesional del derecho y que hasta febrero de ese mismo año había estado ejerciendo como asistente del Auditor General de la Armada. De él decía el radiotelegrafista Stewart que era un oficial muy admirado y querido por la tripulación de su buque que le consideraba un excelente soldado y un magnífico líder.

Tras la primera batalla naval en Guadalcanal, el viernes 13 de noviembre, el almirante Halsey, al mando de las fueras navales norteamericanas en la zona, ordenó al contralmirante Willis Lee que dirigiera a los acorazados que mandaba, el *USS Washington* y el *USS South Dakota,* a barrar el paso de la flota japonesa que se dirigía de nuevo hacia Guadalcanal con la intención de bombardear y neutralizar el aeródromo Henderson para proteger el desembarco de sus fuerzas. Nada más regresar al servicio activo, como capitán del *USS South Dakota*, Gatch había tenido una destacada actuación en la batalla de las Islas de Santa Cruz entre el 25 y el 27 de octubre, pero la misión encargada por el almirante Halsey el día 13 de noviembre no pudo llevarse a cabo por la razón de que ambos acorazados estaban demasiado lejos para llegar a tiempo y una flotilla mandada por el almirante

Takeo Kurita, con dos cruceros pesados, pudo bombardear el campo Henderson en la noche del 13 al 14. En la noche siguiente del 14 al 15, fue cuando Gatch descubrió en sus radares una avanzadilla japonesa en el canal de Sound. El lado negativo fue que los radares, que tan buen servicio habían dado para localizar a los japoneses, iban a jugar una mala pasada al capitán Gatch y al *South Dakota*.

Los problemas* empezaron a manifestarse en el *USS Washington*, gemelo del South Dakota, pero en ese momento nadie fue consciente. Nada más encender los radares empezaron a dar ecos de lo que identificaban como naves pero que en realidad era las costas cercanas, en especial la isla de Savo. En concreto, el radar daba la posición de ocho buques enemigos cuando en realidad sólo había tres por lo que la artillería, dirigida por el radar, empezó a bombardear el agua donde no había barco alguno. Por el momento el *South Dakota* no tenía esos problemas, sus contactos de radar parecían coincidir con la situación en superficie y sus cañones disparaban con precisión, al menos eso parecía. De pronto, en la pantalla de radar empezaron a desaparecer los puntos que indicaban los buques enemigos y el capitán Gatch interpretó que sus andanadas habían alcanzado a un acorazado y dos cruceros pesados. Todo era falso y los proyectiles también estaba cayendo en el agua. El almirante Hashimoto, que dirigía la flotilla contra la que supuestamente disparaban el *South Dakota* y el *Washington*, no se lo podía creer. A salvo sin que nadie le disparara, pudo abandonar la zona y reunirse con el grueso de la flota. En el colmo de la desgracia, el destructor *USS Preston* empezó a recibir los disparos «amigos» del *Washington*, engañado por sus problemas de radar, y se hundió poco después. A bordo el *South Dakota* los problemas técnicos continuaban de forma imparable, un problema eléctrico causado por los cañones de gran calibre dejó al buque sin energía durante unos preciosos minutos. Eran las 23 horas y 23 minutos y el buque se quedó sin luz y sin posibilidades de disparar sus armas. Para entonces, los técnicos a bordo del *South Dako-*

* Una detallada y técnica explicación está en el foro http://bismarck-class-forum.dk/thread.php?threadid=5462.

ta empezaron a sospechar que el radar estaba dando lecturas falsas. Cuando volvió la energía, en apenas tres minutos, el *South Dakota* disparó contra lo primero que vio acercarse y que era el destructor *USS Gwin*, «fuego amigo» de nuevo. Las luces de aviso que encendió y apagó el *Gwin* fueron interpretadas como explosiones y Gatch supuso que había hundido otro buque enemigo, pero para entonces una maniobra demasiado violenta había provocado un choque en la cubierta del acorazado y el incendio del combustible de sus dos hidroaviones lo que fue observado por los vigías japoneses y dos de sus acorazados, el *Krishima* y el *Atago* abrieron fuego sobre él.

«Nuestro barco estaba en llamas de un extremo al otro», escribió Stewart, «habíamos recibido 48 impactos directos en el casco, la cubierta se estaba derritiendo por debajo de nosotros, así que el Oficial Ejecutivo nos ordenó abandonar nuestros puestos de combate, que eran inútiles, e ir a buscar una ametralladora que podríamos utilizar para disparar a los enemigos». Tras recibir un intenso fuego, el *USS South Dakota* quedó prácticamente inutilizado pero su salvación vino precisamente por la atención que le prestaban los buques japoneses. Sin que los japoneses se percataran de ello, el *USS Washington* se lanzó sobre el *Krishima* obligándole a retirarse para evitar ser hundido y al mismo tiempo, el capitán Gatch puso a salvo al *South Dakota*, gravemente dañado, que pudo llegar a Nueva Zelanda para una primera reparación. De sus 1250 hombres, solo 250 sobrevivieron a la batalla.

«La lucha había sido muy intensa y habíamos sufrido muchas bajas. Tengo el terrible recuerdo de encontrarme con un hombre que tenía ambas piernas destrozadas y lesiones internas masivas. En su agonía, me rogó que lo tirara por la borda. No podía hacerlo. Me rogó que le disparara con mi 45 para acabar con su sufrimiento, pero yo no podía hacer eso. Me arrodillé a su lado y sostuve su mano hasta que murió. Su pulso se iba haciendo más y más débil». Henry Stewart resultó herido y perdió el conocimiento poco después de ver como el *USS Preston* y el *USS Walke* eran alcanzados por «fuego amigo». Despertó en la enfermería del buque, tres días más tarde y nadie se explicaba por qué el marinero Stewart apareció con el pelo absolutamente blanco.

Henry Stewart nació en la pequeña ciudad de Picayune, en el estado de Mississippi. Cuando Henry tenía sólo los 12 años su padre sufrió un doble accidente cerebrovascular que le dejó paralizado el resto de su vida y la familia sobrevivió a base del trabajo de la madre como costurera. Henry tuvo que dejar la escuela a los 13 años y empezar a trabajar talando árboles, vendiendo periódicos y finalmente consiguió un empleo en la compañía eléctrica. Fue apenas con 17 años cuando conoció a una chica llamada Gloria Brady y sin pensarlo dos veces se casaron saltándose los permisos paternos aunque poco después la madre de la muchacha la «salvó» del matrimonio y la retornó al hogar materno ya embarazada. «Nunca la volví a ver y después supe que había muerto en un accidente de coche. No encontré a Jackie, nuestra niña, hasta cuarenta años más tarde después de volver de la guerra». El padre de Henry había muerto, su esposa había muerto y no sabía dónde estaba su niña, así que como otros chicos a su edad y en sus condiciones se alistó en la Marina. Para llegar a la Oficina de Reclutamiento Naval de EE.UU en Nueva Orleans tuvo que viajar a pie y en autoestop pues los ocho dólares que llevaba en el bolsillo no daban para más. Tras su periodo de entrenamiento, su primer destino fue el acorazado *USS South Dakota* y en él estuvo hasta el final de la guerra.

El hombre que no quiso olvidar

«Fue la selva y también la lluvia lo que hizo que New Britain, la isla en la que se encuentra el Cabo Gloucester, fuera tan diferente de Guadalcanal. Yo sabía que iba a ser diferente el momento en que bajé por la rampa de nuestra LCI y después de atravesar una playa negra y estrecha trepé por un pequeño despeñadero, a punto de estallar la luz solar en la penumbra de la selva. Porque, en ese momento, la lluvia empezó a caer; y en ese momento empezamos a cazar al enemigo». De este modo empieza el relato del marine Robert Leckie sobre el desembarco de la Primera División de Marines en la isla de New Britain el día 26 de diciembre de 1943. El libro, *Mi casco por almohada* fue publicado en 1957 y narra la aventura del periodista y escritor Robert Leckie en la campaña del Pacífico entre 1942 y 1945 especialmente en la batalla del Cabo Gloucester, en New Britain, y en el desembarco en Guadalcanal.

Leckie Había nacido en Filadelfia el 18 de diciembre de 1920 en el seno de una familia de ocho hijos que se trasladó cuando él era aún un niño a la ciudad de Rutherford, en el estado de New Jersey. Ya en la escuela secundaria empezó su carrera como periodista, primero como cronista deportivo en el periódico local de la pequeña ciudad de Hackensack. Como muchos otros jóvenes norteamericanos, el ataque a Pearl Harbor fue determinante en su vida. Al día siguiente de aquel hecho, el día 8 de diciembre de 1941, se alistó en los marines y fue enviado al campo de entrenamiento de la isla de Parris. Aunque por lo general estaba a la altura, su pericia con el rifle era discutible según alguno de sus biógrafos y terminado su entrenamiento se la encuadró

Una vez que se tuvo conocimiento de que los japoneses estaban construyendo un campo de aviación en Guadalcanal, la 1ª Division de Infantería de Marina recibió la orden de apoderarse de la isla.

como artillero, ametrallador y observador, no como fusilero. Encuadrado en el 1º Regimiento de la Primera División recibió su bautismo
de fuego en Guadalcanal donde participó en la terrible batalla del
río Tenaru, el 25 de agosto de 1942 y lo contó después en su libro,
Mi casco por almohada. La operación de desembarco de los marines
norteamericanos se hizo casi sin resistencia por parte del enemigo,
pero posteriormente, junto al río Tenaru, la batalla fue una auténtica
carnicería entre los japoneses; supuso menos de cincuenta muertos
para los marines que defendían la playa y el aeropuerto Henderson
y más de ochocientos para los atacantes. «Nuestro regimiento había
matado a algo así como novecientos de ellos. La mayoría yacían en
grupos o montones sobre las cajas de munición, frente al banco de
arena, como si no hubieran muerto individualmente sino en grupos.
Moviéndose entre ellos estaban los cazadores de recuerdos, abrién-
dose paso con delicadeza, como si tuvieran miedo a las trampas explosivas, mientras despojaban los cuerpos de sus pertenencias». Fue
al final de la sangrienta batalla, cuando ya había cesado el tiroteo,
cuando Leckie vivió uno de los momentos más angustiosos que años
después relataría en su libro. Dos soldados japoneses, los únicos que
quedaban frente a la compañía de Leckie, salieron gritando de la selva, lanzándose contra ellos al grito de «¡banzai!». Inmediatamente,
una ráfaga acabó con uno de ellos pero el otro quedó paralizado, so-
llozando, sin moverse, mientras los marines norteamericanos reían.
Luego, relató Leckie, empezaron a dispararle, hiriéndole en diversas
partes no vitales, como una diversión, mientras el soldado aullaba de
dolor. Finalmente, Leckie desenfundó su pistola, le mató de un tiro
en la cabeza y gritó, enfurecido, a sus compañeros.

Tras Guadalcanal y después de unos días de descanso en Melbourne, vendría Peleliu donde fue herido de gravedad en la toma del
aeródromo. Trasladado al hospital de Pavuvu se enteraría del final de
la guerra. Poco a poco, Robert Leckie fue entrando en la vida civil
que apenas si conocía. No sin algún sobresalto pudo recuperar la relación con su viejo amor, Vera Keller con la que acabaría casándose.
Al mismo tiempo recuperó su puesto en el periódico de Hackensack
y emprendió una carrera como periodista y novelista. Trabajó para la
Associated Press y se dedicó a escribir su libro de memorias después

de ver el musical *South Pacific* donde la imagen de la guerra en el Pacífico que se daba le pareció ridícula, «un musical» sin contar la realidad. Enfermo de Alzheimer, falleció en 2001 y su memoria se hubiera perdido para siempre a no ser por su libro *Mi casco por almohada.*

John Basilone, con su sección de ametralladoras, mantuvo a raya el ataque japonés sobre el Campo Henderson, llegando en numerosas ocasiones al combate cuerpo a cuerpo.

Basilone, héroe por excelencia
En la noche del 24 al 25 de octubre de 1942 tuvo lugar en la isla de Guadalcanal uno de esos episodios que pasa a la historia de las operaciones militares por méritos propios. Esa noche, el 7º regimiento de marines dirigido por el entonces teniente coronel Chesty Puller fue encargado de la defensa de la base aérea conocida como Campo Henderson. Desde el 7 de agosto, 60.000 hombres de las fuerzas aliadas, incluyendo los 20.000 de la 1ª División del Cuerpo de Marines de Estados Unidos, luchaba en Guadalcanal contra una fuerza de unos 30.000 japoneses muy bien armados, atrincherados y dispuestos, hasta el último hombre, a morir por el Emperador sin un resquicio para la rendición. En el primer batallón de Puller figuraba un hombre, el sargento John Basilone, un duro veterano que pronto se convertiría en una leyenda. Aquella noche, Basilone, al frente de dos secciones de ametralladoras, tomó posiciones en el perímetro de la base con la sospecha de que los japoneses intentarían el asalto al campo por aquel sector. Efectivamente, al filo de las 22 horas, los observadores advirtieron del movimiento de fuerzas japonesas que se aproximaban hacia las posiciones de Basilone. Con gran sangre fría, el sargento retuvo a sus hombres, en silencio, hasta que los asaltantes, en plena oscuridad, estuvieron a unos treinta metros de las posiciones de los marines y fue entonces cuando abrieron fuego las ametralladoras. Las dos secciones de ame-

tralladoras mandadas por Basilone constaban de diecisiete hombres y las fuerzas asaltantes, todo un regimiento con unos 3.000 que se lanzaron en masa contra las defensas mandadas por el sargento John Basilone. Durante cuarenta y ocho horas, Basilone y sus hombres resistieron el ataque suicida de los japoneses con sus ametralladoras pesadas del modelo Browning 1917 A1. Sólo dos soldados y el sargento sobrevivieron al ataque y al término se contabilizaron unas espeluznantes 2.900 bajas entre los japoneses.

El altísimo número de bajas japonesas respondía en aquellas primeros meses de guerra a la táctica llamada «banzai» (el calificativo es de los norteamericanos) consistente en lanzar en masa a la infantería contra el enemigo, prácticamente a pecho descubierto y confiando en la gran superioridad numérica. Ese sistema, acorde con la filosofía samurai inherente a la mentalidad del Ejército japonés, suponía siempre un altísimo porcentaje de bajas pero había sido eficaz hasta el momento en su guerra de expansión. Avanzada la contienda y sobre todo hacia el final, con escasez de recursos humanos, el Ejército japonés varió la táctica utilizando una defensiva, ocultos sus hombres en la espesura de la selva y en trincheras, búnkeres y agujeros desde donde podían resistir los bombardeos sin apenas sufrir bajas y luchando a cubierto. Prueba de ello es el desarrollo de los combates en Guadalcanal comparados, por ejemplo, con los de Peleliu, Iwo Jima y Okinawa meses después.

La actuación de Basilone, merecedora de la Medalla de Honor, fue desde luego fundamental, sobre todo porque en un alarde de profesionalidad y de valor realizó varios desplazamientos bajo fuego enemigo para conseguir agua para sus hombres, extenuados y munición para las ametralladoras. Uno de los sobrevivientes, el soldado de primera clase Nash W. Phillips, recordaba años después en una entrevista que Basilone disparó sin descanso su ametralladora durante tres días y tres noches, sin dormir, sin comer y produciéndose quemaduras en las manos al sujetar el cañón al rojo de la Browning.

Tras la actuación del sargento en el Campo Henderson, el alto mando norteamericano consideró que su hazaña, aireada por los medios de comunicación, será muy eficaz en la vital campaña de recaudación de fondos con los «bonos de guerra». Cumpliendo órdenes, Basilone regresó a Estados Unidos donde se convirtió en un icono del esfuerzo de guerra acudiendo a grandes fiestas de recaudación de fondos, programas de radio y ruedas de prensa. Fueron meses de un «tour» que acabó con el hastío del marine que solicitó e insistió en ser enviado de nuevo al frente a pesar de la oposición de los estrategas de los bonos de guerra. En julio de 1944 se casó con Lena Mae Riggi, una joven australiana de origen italiano a la que había conocido en Melbourne, pero no se sentía bien mientras sus compañeros seguían luchando en el Pacífico así que finalmente se salió con la suya y a principios de 1945 consiguió ser destinado a la 5ª División de Marines encargada del asalto a la isla de Iwo Jima ya en territorio japonés.

John Basilone había nacido en noviembre de 1916 en la ciudad de Buffalo, en el estado de Nueva York en el seno de una familia de origen napolitano con diez hijos. Su infancia transcurrió en la localidad de Raritan en Nueva Jersey y a los 15 años decidió que los estudios no eran para él y abandonó la escuela secundaria. Durante tres años trabajó como caddie en un campo de golf y nada más cumplir los 18, en 1934, se alistó en el Ejército y tras un periodo de instrucción fue enviado a Filipinas, anexionada por los norteamericanos desde 1913. Durante tres años sirvió en el Ejército en diferentes regimientos, siempre en Filipinas, donde se destacó como campeón de boxeo. De regreso, ya licenciado, se instaló en Reisterstown, en el estado de Maryland donde trabajó de camionero, pero no dejó de pensar en Manila y en la disciplina militar y finalmente en julio de 1940 se volvió a alistar aunque esta vez en los marines donde pensó que podría desarrollar mejor sus capacidades y sobre todo encontraría mejores oportunidades de volver a Filipinas. Tras pasar el periodo de instrucción en la isla de Parris pasó por las bases de entrenamiento de Quantico y New River y accedió a su primer destino en la base de Guantánamo, en Cuba. Apenas año y medio después de su ingreso en los marines estallaba la guerra y como parte de la Primera División era enviado a Guadalcanal, en las islas Salomón.

El 19 de febrero de 1945, el contingente de marines desembarcó en Iwo Jima con el sargento John Basilone de nuevo al frente de una sección de ametralladoras pesadas y ese mismo día cayó mortalmente herido después de sacar a sus hombres de la trampa de una playa acribillada por el enemigo. En algunos informes se dijo que murió de un disparo en el pecho, en otros que fue la explosión de una granada o un proyectil de artillería, pero lo cierto es que murió en el curso de otra heroica actuación que le valió a título póstumo la Cruz de la Armada y el Corazón Púrpura.

Unos meses después de la toma de Guadalcanal tuvo lugar un episodio trascendental para la marcha de la guerra y que entra más en los acontecimientos de la guerra secreta que en los del combate naval. El día 18 de abril de 1943 un escuadrón de P-38 despegados desde la base aérea de Guadalcanal atacó a una formación de bombarderos japoneses G4M sobre las islas Salomón. Era poco más de las 9'30 de la mañana y todo hacía suponer que era un encuentro fortuito en el que la superioridad de los cazas P-38 acabó con el derribo de dos G4M. Sin embargo nada en aquel encuentro había sido fortuito aunque los norteamericanos lo mantuvieron en secreto y ni siquiera airearon el combate en sus comunicados entre los aviones y su base. En uno de los G4M derribados viajaba nada menos que el almirante Isoroku Yamamoto, comandante en Jefe de la Marina Imperial y jefe de operaciones en el Pacífico que resultó muerto en el ataque. Toda la operación, llamada «Venganza» por los norteamericanos, había sido diseñada a partir del descifrado de los códigos navales japoneses y el conocimiento de un viaje de inspección que iba a realizar Yamamoto a las bases japonesas en las islas Salomón. En el encuentro aéreo se perdió uno de los aviones P-38 y eso es lo único que comunicaron los norteamericanos en sus emisiones de radio para mantener el secreto de que habían descifrado los códigos japoneses. La estratagema surtió efecto, se eliminó al más alto y más cualificado oficial de la Marina Imperial y se logró mantener el secreto del conocimiento de los códigos usados por los japoneses.

3.7. Peleliu

Sledge. Memorias de un marine

A los 8 y media de la mañana, aproximadamente, del 15 de septiembre de 1944, un joven de 21 años llamado Eugene Sledge, descubrió que existía una isla en el sur del Pacífico llamada Peleliu, en el archipiélago de Palaos, un islote de apenas 12 kilómetros cuadrados, sobre una base de coral y de escasos 50 metros sobre el nivel del mar. En ese momento, su Regimiento, el 5º, de la Primera División de Marines, desembarcaba en el centro de la isla con el objetivo de tomar el aeródromo a sólo un par de kilómetros.

Desde 1914 el archipiélago de Palaos estaba ocupado por el Imperio japonés, paradojas de la vida, un movimiento en apoyo del Imperio británico al inicio de la Primera Guerra Mundial pues el conjunto de islas, unas quinientas, eran entonces una colonia dependiente de la Nueva Guinea Alemana. Los japoneses, al inicio de la guerra con Estados Unidos en 1941 habían instalado en Peleliu una base aérea que, en algunos círculos militares norteamericanos, no se le daba excesiva importancia. No era esa la opinión del general MacArthur que defendía la tesis de invadir el Japón desde el sur y para ello necesitaba el aeródromo de Peleliu y la isla de Okinawa. William H. Rupertus, recién nombrado comandante en jefe de la Primera División de Marines, la aguerrida fuerza de infantería de marina norteamericana, estaba de acuerdo con MacArthur y aseguró que en un máximo de cuatro días tomaría la isla y se podría utilizar su aeródromo.

«Seguíamos intentando convencernos a nosotros mismos de que el general sabía de lo que estaba hablando. Todos temíamos una campaña larga y pesada que se prolongaría más allá de lo soportable como Guadalcanal y Cabo Gloucester. Nuestra moral era excelente y nos habían entrenado para cualquier cosa, por dura que fuera». Pero Sledge y sus compañeros tenían razón, no fueron cuatro días sino dos largos meses.

El marine Eugene Sledge formaba parte del cuerpo como artillero. Había nacido en 1923 en la ciudad de Mobile, en el estado de Alabama, una ciudad de origen francés y que cuenta en su historia con ser la primera ciudad de Estados Unidos que legisló la segregación racial, en 1902, prohibiendo por ley a los negros usar los mismos tranvías que los blancos y convirtiéndose en objetivo de la lucha por los derechos civiles. En sus astilleros se construyeron durante la guerra muchos de los buques puestos en servicio por la Marina y en ese ambiente vivió Eugen su infancia y su juventud. Poco después de inscribirse en el Instituto Militar Marion para empezar a formarse en la carrera naval, estalló la guerra y Eugen se alistó voluntario en el

Tanques e infantería de marina asaltando posiciones japonesas
en la isla de Peleliu.

Cuerpo de Marines, algo que le costó un gran esfuerzo pues tenía un soplo en el corazón y su padre, médico, se oponía a su ingreso. Después del durísimo entrenamiento, Eugene Sledge se encontró desembarcando en la pequeña isla de Peleliu defendida por 11.000 soldados japoneses de la 14ª División de Infantería y sin tener ni idea del modo de actuar de la oficialidad y la tropa japonesa para quienes no existía la rendición y les movía un odio visceral hacia los norteamericanos. De aquellos dos meses de lucha encarnizada, con niveles de violencia y de horror indescriptibles, Eugene Sledge salió moral y mentalmente muy afectado y su posterior lucha en Okinawa, ya a punto de acabar la guerra, acabó de sumergirle en un estado mental lamentable.

El 5° Regimiento del que formaba parte Eugen fue el encargado de la toma del aeropuerto de Peleliu y aunque lograron cruzarlo, el número de bajas fue impresionante pues las defensas japonesas apenas si habían sido tocadas por el intenso bombardeo de la Armada que, con cinco acorazados, cinco cruceros pesados y ocho portaviones había estado bombardeando la isla durante horas. El enemigo no sólo fue el Ejército japonés, sino el clima con temperaturas que rondaban los 50 grados y la falta de agua potable que provocó cientos de casos de deshidratación y de insolación. El total de muertos norteamericanos de la División de Marines y de la de Infantería que les relevó, fue de 6.650. Los japoneses sufrieron 9.900 muertos. El resto, hasta los 11.000 defensores eran en su mayor parte personal auxiliar, los soldados y los oficiales murieron casi todos.

La trayectoria de Sledge, una vez finalizada la guerra, estuvo marcada por el infierno que había vivido durante casi cuatro años. Como muchos otros veteranos consiguió ingresar en la Universidad, en el Instituto Politécnico de Alabama, donde se graduó en Ciencias en 1949. Fue en esa época donde se manifestó más intensamente lo que años después se conocería como «estrés post traumático» y que le hacía ver la vida en su ciudad natal, Mobile, como superficial y sin sentido. Eugen dejó de interesarse en la caza, una de sus aficiones de adolescente, pues era incapaz de empuñar un fusil y disparar contra algo. Mientras seguía teniendo pesadillas sobre lo vivido en Peleliu y Okinawa se dedicó a la conservación de aves en lugar de matarlas y finalmente cuando se decidió a escribir sus memorias consiguió que eso le ayudara a liberarse del peso de la guerra. En 1981 publicó *With the Old Breed: At Peleliu and Okinawa** las memorias de su experiencia en combate que había ido anotando en los márgenes de la biblia que llevó consigo durante toda la campaña. El segundo volumen de sus memorias, *China Marine: An Infantryman's Life after World War II* se publicó en 2002, un año después de su muerte.

* Existe una versión española, *Diario de un marine* de Editorial Planeta.

El general William H. Rupertus es el autor del «credo del fusilero» o «credo del marine» que ha hecho famoso la película *Full metal jacket*, (*La Chaqueta metálica*) de Stanley Kubrick.

CREDO DEL FUSILERO
Éste es mi fusil.
Hay muchos como él, pero éste es el mío.
Mi fusil es mi mejor amigo. Es mi vida.
Debo dominarlo como domino mi vida.
Mi fusil, sin mí, es inútil. Sin mi fusil, yo soy inútil.
Debo disparar mi fusil certeramente.
Debo tirar con más puntería que cualquier enemigo que esté intentando matarme.
Debo alcanzarlo antes de que él me alcance.
¡Lo haré!

3.8. Leyte, la mayor batalla naval de la historia

Preludio en Palawan

El día 20 de octubre de 1944, las fuerzas de desembarco norteamericanas, al mando del general Douglas MacArthur desembarcaron en la isla filipina de Leyte cumpliendo la famosa frase del general jefe de las fuerzas norteamericanas en Filipinas cuando sentenció: «Volveré». Había vuelto aunque en altas instancias de las fuerzas armadas se había barajado la opción de obviar las Filipinas y lanzarse directamente contra las islas del archipiélago japonés. De hecho, el almirante Nimitz, jefe de las fuerzas navales norteamericanas en el Pacífico, había adoptado una estrategia de conquista de puntos cruciales pero dejando atrás multitud de islas ocupadas por los japoneses a las que se abandonaba con los suministros y las comunicaciones cortadas con lo que dejaban de ser un peligro. El principal objetivo pues de la estrategia de Nimitz era la liquidación de la poderosa flota japonesa como quedó demostrado en los últimos meses de guerra con la Batalla del Mar de Filipinas y sobre todo con la del Golfo de Leyte.

Nada más conocer el desembarco en Leyte, las tres flotas japonesas basadas en Borneo, Nagasaki y Singapur se hicieron a la mar. Un total de 66 buques al mando del almirante Soemu Toyoda con 800 aviones. Frente a ellos, el despliegue de Nimitz con 176 buques y más de 1.500 aviones.

La fuerza japonesa la formaban los portaviones *Zuikaku, Zhiho, Chitose* y *Chiyoda*; los acorazados *Yamato, Musashi, Nagato, Kongo, Haruna, Fuso, Yamashiro, Ise* y *Hyuga*. Los cruceros *Isuzu, Tama, Oyoda, Atago, Takao, Chokai, Maya, Myoko, Haguro, Kumano, Suzuya, Chikuma, Tone, Noshiro, Mogami, Nachi, Ashigara, Abukama* y *Kinu* más 34 destructores.

Los norteamericanos contaban con los portaviones *USS Wasp, USS Hornet, USS Hancock, USS Cowpens, USS Monterey, USS Intrepid, USS Cabot, USS Independence, USS Essex, USS Lexington, USS Princeton, USS Langley, USS Franklin, USS Enterprise, USS Belleau Wood, USS San Jacinto, USS Sangamon, USS Suwannee, USS Chenago, USS Santee, USS Saginaw Bay, USS Petrof Bay, USS Natoma Bay, USS Manila Bay, USS Marcus Island, USS Savo Island, USS Ommaney Bay, USS Kadashan Bay, USS Fanshaw Bay, USS Kalinin Bay, USS White Plains, USS Saint-Lo, USS Kitkun Bay* y *USS Gambier Bay*; los acorazados *USS Iowa, USS New Jersey, USS Massachussets, USS South Dakota, USS Washington, USS Alabama, USS Mississippi, USS Maryland, USS West Virginia, USS Tennessee, USS California, USS Pennsylvania;* los cruceros *USS Boston, USS Chester, USS Salt Lake City, USS Pensacola, USS Oakland, USS San Diego, USS Vincennes, USS Miami, USS Biloxi, USS Santa Fe, USS Mobile, USS Birmingham, USS Reno, USS New Orleans, USS Wichita, USS Louisville, USS Minneapolis, USS Portland, HMAS Sropshire, USS Denver, USS Columbia, USS Phoenix* y *USS Boise* además de 105 destructores y dos submarinos, el *USS Dace* y *USS Darter.*

La batalla de Leyte fue una invasión anfibia
en el Golfo de Leyte, Filipinas, por fuerzas
norteamericanas y guerrilleros filipinos bajo
el mando del general Douglas MacArthur.
Fue la primera batalla en la que los japoneses
utilizaron pilotos kamikaze.

El primer encuentro entre ambas flotas tuvo lugar al norte de la isla de Borneo, en el paso de Palawan, en la noche del 22 al 23 de octubre, cuando los dos submarinos norteamericanos, el *Dace* y el *Darter* localizaron a la flota del almirante Kurita, zarpada desde Borneo. El comandante del *Darter*, David Hayward McClintock informó inmediatamente de la presencia de la flota japonesa lo que desbarató los planes de sorprender a los norteamericanos en Leyte. Al momento, el *Darter* y el *Dace* se lanzaron sobre la flota japonesa. Eran poco más de las cinco de la mañana cuando el *Darter* lanzó diez torpedos, algunos de los cuales alcanzaron el crucero *Atago*, buque insignia del almirante Kurita. El mismo almirante fue a parar al agua tras los impactos y tuvo que ser rescatado y subido primero a bordo del destructor *Kishinami* y luego al acorazado *Yamato*. Por su parte el *Dace* disparó seis torpedos la mayoría de los cuales acertaron al crucero *Maya* que también terminó por hundirse. Uno de los torpedos afectó al crucero *Takeo* lo que provocó paradójicamente un grave inconveniente. Cuando el Takeo se separó de la formación para buscar un puerto donde reparar sus averías, los dos submarinos le persiguieron con tan mala fortuna que el *Darter* encalló en el poco profundo fondo marino resultando muy dañada su estructura. El *Dace* tuvo que dejar la persecución del Takeo, rescatar a los tripulantes del *Darter* y torpedearlo finalmente ante la imposibilidad de reflotarlo. En aquel primer encuentro los japoneses habían perdido dos cruceros y 1.500 hombres, los norteamericanos. un submarino y ningún tripulante.

El hombre que una vez más mostraba su perspicacia y su profesionalidad planeando los movimientos de su flota no era otro que el almirante Chester Nimitz, uno de los más destacados marinos de la historia de Estados Unidos y que fue el artífice de la victoria de la flota norteamericana contra la japonesa y a la postre de la victoria de Estados Unidos contra el Imperio japonés. Nimitz nació el 24 de febrero de 1885 en Fredericksburg, lugar de la famosa batalla ganada por el general confederado Robert E. Lee contra el ejército de la Unión. La muerte de su padre, antes de que él naciera, dejó su educación en manos de su madre, Anna y sobre todo de su abuelo Charles, un viejo marino que inculcó en él el amor por el mar. Con espíritu aventurero y rebelde, Chester intentó primero ingresar en la academia militar de West Point donde fue rechazado y se decidió entonces por la Academia Naval del estado de Texas donde se graduó en 1905 con el número 7 de su promoción y empezó una fulgurante carrera. Nimitz sirvió a partir de entonces en varios buques, entre ellos una cañonera de nombre famoso, *Panay**. Ha pasado a la historia el hecho, lamentable, sucedido en Filipinas cuando servía a bordo del destructor *Decatur*. En ausencia del capitán del buque, Nimitz tomó el mando y el destructor acabó encallado en un banco de arena, lo que le costó un consejo de guerra que se saldó con una simple amonestación. Desde 1909 hasta 1918 mandó varios submarinos e incluso se le comisionó para estudiar en Europa los avances alemanes en motores navales. Entre un barco y otro tuvo tiempo para casarse en abril de 1913 con Catherine Vance Freeman en Wollaston, Massachusetts y de su matrimonio nacieron tres hijas y un hijo: Catherine, Chester William, Anna Elizabeth y Mary Manson. Un accidente mientras trabajaba con un motor le seccionó un dedo y le dejó sordo de un oído, lo que le mantuvo alejado de la actividad naval durante unos años, pero en los años treinta recibió cada vez más responsabilidades llegando a dirigir una unidad de acorazados en 1939.

Nada más entrar en guerra, en diciembre de 1941, fue ascendido a almirante jefe de la Flota del Pacífico donde desarrolló una magnífica campaña rodeándose de oficiales competentes y con estrategias acertadas como la de obviar las islas ocupadas por Japón que no tenían importancia estratégica y utilizar a fondo el potencial de los portaviones y de los submarinos. Fue uno de los altos mandos que el 2 de septiembre de 1945 protagonizó la ceremonia de capitulación japonesa a bordo del acorazado *USS Missouri* en la Bahía de Tokio.

Finalizada la guerra fue nombrado comandante del Estado Mayor de Operaciones Navales y participó en los juicios de Nuremberg contra los criminales de guerra nazis. Allí defendió al almirante Karl Doenitz, jefe la flota submarina alemana, condenado a 10 años de cár-

---

* Nimitz sirvió en la primera cañonera llamada *Panay,* española, vendida a Estados Unidos en 1898. Existe una segunda del mismo nombre hundida por los japoneses en el río Yang-Tsé en 1937.

cel por utilizar la guerra submarina en Europa, lo mismo que Nimitz había hecho en el Pacífico. Retirado de la Marina en 1947, poco antes aprobó la construcción del *Nautilus*, el primer submarino nuclear y ejerció posteriormente como profesor en la Universidad de California. Falleció en febrero de 1966, a los 81 años, a causa de una neumonía.

Héroes en el aire

Al amanecer del día 24 de octubre, el almirante Halsey, comandante de la III Flota en aguas de Filipinas ordenó el despegue de los aviones de los tres grupos que mandaba. Uno de estos grupos, el 38.3, estaba compuesto por los portaviones *USS Essex* y *USS Lexington*, los portaviones ligeros *USS Langley* y *USS Princeton*, los acorazados *USS Massachusetts* y *USS South Dakota*, los cruceros *USS Birmingham, USS Reno, USS Santa Fe* y *USS Mobile*y por 15 destructores, todo ello bajo el mando del contraalmirante Frederic C. Sherman. Desde el portaviones Essex despegó un Grumman F6F Hellcats, el caza más moderno de la Armada, al que se había bautizado con el nombre de Minsi III. A los mandos iba el as de la aviación norteamericana, el teniente de navío David McCampbell que en aquel momento lucía en el fuselaje de su avión 21 banderas de guerra japonesas, otros tantos aviones derribados en sus combates bajo los cielos del Pacífico. Mac-Campbell era el jefe del grupo aéreo del Essex y de hecho, el almirante Sherman le había prohibido que despegara aquella mañana, teniendo en cuenta que era el jefe del grupo aéreo y tenía una gran responsabilidad, además de que era un héroe para la población norteamericana y no debía arriesgarse innecesariamente. Pero MacCampbell despegó y al poco tiempo de estar en el aire, él y su segundo, Roy Rushing tropezaron con una formación de más de cuarenta aviones japoneses. MacCampbell pidió ayuda por radio pero cuando le comunicaron que no había más aviones disponibles, no lo dudó y se lanzó junto con Rushing contra los japoneses. Los pilotos norteamericanos, más experimentados y con un avión que ya superaba al Zero japonés causaron estragos en la formación japonesa. MacCampbell ascendió aquel día al piloto más destacado de la historia de la aviación norteamericana cuando derribó nueve aparatos japoneses por otros seis derribados por Rushing a los mandos de otro Hellcat.

El F6F Hellcats, fabricado por la empresa Grumman, era un caza que pasó a ser el más destacado de la historia de la aviación naval. Fabricado desde 1943, el origen de sus mejoras fue el hallazgo en la isla de Akutan, en las Kuriles, de un Mitsubishi Zero en perfecto estado que había tenido que efectuar un aterrizaje de emergencia. Los técnicos norteamericanos estudiaron a fondo el avión y constataron que era superior al último modelo de Grumman, el XF6F-1Hellcat y antes de ponerlo a disposición de la Armada se esforzaron en mejorar todas sus prestaciones. Terminada la puesta a punto, el mismo Mac-Campbell dijo de él: «Un caza fuera de lo común. Tenía buenas prestaciones, era fácil de pilotar y era una plataforma de disparo estable. Pero lo que más recuerdo es que era robusto y fácil de mantener».

El resto de aviones del grupo de Campbell también mostraron su superioridad en experiencia, máquinas y número de aviones derribando a la mayor parte de aviones japoneses con los que se tropezaron. El tiempo también obró a favor de los norteamericanos pues sus portaviones no pudieron ser localizados por los japoneses debido a la lluvia, la espesa nubosidad y la niebla a ras de agua. Un único incidente enturbió la buena marcha del día para la flota del almirante Halsey cuando a las 9'40 de aquella mañana un solitario avión Yokosuka D4Y, un bombardero en picado llamado Judy por los norteamericanos apareció de pronto entre las nubes sobre el portaviones *USS Princeton* sin que nadie lo detectara. Desafiando a los antiaéreos del portaviones, el Judy se lanzó en picado dejando caer una bomba de 250 kilos sobre la cubierta del buque que en aquel momento estaba recogiendo a sus aviones. La bomba perforó tres cubiertas y estalló después causando un autentico destrozo con explosión de varios torpedos armados sobre los aviones y provocando un devastador incendio que obligo a abandonar el buque. Una segunda explosión en la popa causó una autentica carnicería sobre la cubierta del crucero *USS Birmingham* que se había acercado para ayudar a apagar el incendio. El *Princeton* se dio por perdido y otro crucero, el *Reno*, lo torpedeó para acabar de hundirlo. Entretanto, los otros dos grupos al mando de Halsey habían lanzado sus aviones sobre la flota de Kurita alcanzando al *Myojo* en el mar de Sibuyan. Los aviones procedían de los portaviones *USS Intrepid* y *USS Cabot*. A partir de las 10'30 de la mañana, aviones procedentes de los portaviones *Essex, Franklin, Enterprise, Intrepid* y *Cabot* castigaron con dureza a uno de los dos acorazados más poderosos de la flota japonesa, el *Musashi*, gemelo del *Yamato*, que se hundió finalmente a las 19'35 de aquella tarde llevándose con él a 1200 tripulantes.

El héroe de aquella jornada, David McCampbell, era un joven nacido en 1910 en Bessemer en el sureño estado de Alabama que desde muy joven sintió el impulso de alistarse en la Marina. Vivía entonces en Florida donde cursó estudios en la Academia Militar de Staunton y posteriormente en la escuela de Tecnología de Georgia. Ingresó en la Academia Naval en 1933 pero era un mal momento, la Gran Depresión iniciada unos años antes con el crack de la bolsa de

Nueva York, obligó a la Marina a despedir a muchos de los cadetes por falta de fondos para su formación y McCampbell se quedó fuera. Cuando las cosas empezaron a marchar mejor, en 1934, fue llamado de nuevo a la Academia Naval. Empezó a prestar servicio en el crucero *USS Portland* y enseguida consiguió entrar en la escuela de vuelo de Pensacola. Al entrar en guerra Estados Unidos fue asignado al portaviones *USS Wasp*, hundido por un submarino japonés en Guadalcanal, un desastre del que McCampbell salió ileso. Ejerció de instructor de vuelo durante unos meses hasta que en agosto de 1943 volvió a ponerse a los mandos de un avión de caza e inició una carrera espectacular que le convirtió en una leyenda. En unas 20.000 horas de vuelo acumuló más de veinte aviones japoneses derribados en las Marianas, en Iwo Jima, Taiwan y Okinawa. En un solo día, el 19 de junio de 1944, derribó cinco aviones japoneses sobre las islas Marianas y al día siguiente dos más sobre Guam. Un récord que él mismo superaría en la batalla del Golfo de Leyte. Hasta el final de la guerra McCampbell derribó cuatro aviones más y finalizado el conflicto con el grado de teniente de navío desempeñó varios puestos como instructor en la Marina e incluso fue asesor de la Armada Argentina entre 1948 y 1951. Llegó a ser adjunto del Jefe de Estado Mayor de Operaciones de la Defensa Aérea y se retiró en julio de 1964. Murió el 30 de junio de 1966.

La acción del mar de Samar

El 30 de octubre de 1945, el capitán T.J. Hedding del servicio de información de la Marina de los Estados Unidos procedió al interrogatorio* del vicealmirante Jisaburo Ozawa, comandante en jefe de la IV Flota japonesa en la batalla del Golfo de Leyte, la que se ha considerado la mayor batalla naval de la historia. El largo interrogatorio, uno más de los efectuados a cientos de jefes y oficiales japoneses al final de la guerra, hacía hincapié en todos los detalles de la batalla que enfrentó a casi trescientos buques norteamericanos contra sesenta y ocho japoneses además de unos 1500 aviones de la US Navy

* http://www.ibiblio.org/hyperwar/AAF/USSBS/IJO/IJO-55.html

contra unos 716 japoneses, muchos de ellos con misiones suicidas. La batalla se había desarrollado entre el 23 y el 26 de octubre de 1944 y causó 2.800 muertos norteamericanos y 12.500 japoneses. La mayor parte de la flota japonesa fue hundida o puesta fuera de combate y propició la conquista unos meses después de la isla de Iwo Jima, crucial para el bombardeo intensivo del archipiélago japonés. Uno de los protagonistas de la batalla del Golfo de Leyte fue sin duda el almirante Takeo Kurita, comandante de la Fuerza Central japonesa cuya actuación fue muy criticada y según algunos expertos errónea en el planteamiento y ejecución del episodio crucial de la batalla, el desarrollado en el mar de Samar.

Tanto el *Musashi* como el *Yamato* participaron en la batalla del Golfo de Leyte como parte de la Fuerza Central del almirante Kurita.

El interrogador de Ozawa, capitán Hedding, preguntó en un momento: «Me gustaría tener su opinión sobre por qué Kurita giró hacia el norte en lugar de entrar en el Golfo ese día. ¿Qué causó el cambio de planes?». La respuesta de Ozawa, ambigua, era un reflejo de las dudas que la acción del vicealmirante Kurita sembró entre el mando y entre sus compañeros: «No sé los detalles de la campaña de allí, así que no puedo formar una opinión de lo que les hizo tomar el curso norte».

Los hechos de los que hablaban Hedding y Ozawa eran los acaecidos el día 25 de octubre en el mar de Samar cuando el grupo de Kurita se enfrentó a una fuerza muy inferior y pudo haber causado daños irreparables a la operación de desembarco norteamericana en Leyte.

La Fuerza Central mandada por Kurita, la más importante de la flota japonesa en Filipinas, estaba compuesta por cuatro acorazados tras el hundimiento del *Musashi* en Sibuyan: *Yamato, Nagato, Kongo*, y *Haruna*; diez cruceros pesados, *Atago, Maya, Takao, Chokai, Myoko, Haguro, Kumano, Suzuya, Tone*, y *Chikuma*, dos cruceros, *Yahagi* y *Noshiro* y quince destructores de escolta.

El *Musashi*, junto a su gemelo *Yamato*, fue el mayor acorazado jamás construido y desde luego el mejor armado. Tenía un desplazamiento de 72.000 toneladas a plena carga, 263 metros de eslora y unos blindajes impresionantes, de 410 mm en el casco y de 200 a 300 en cubierta. Iba armado con nueve cañones de 460 mm en tres torretas, seis de 155 mm, otros doce de 127, 130 de 25 mm y cuatro de 13'2 mm. Podía alcanzar una velocidad de casi 28 nudos y llevaba una tripulación de 2500 hombres. Había sido botado en noviembre de 1940 pero no entró en servicio hasta agosto de 1942. El 11 de febrero de 1943 fue el buque insignia de la Flota dirigida por el almirante Isoroku Yamamoto. De hecho, el *Musashi* aunque participó en algunos encuentros con la flota norteamericana, no tuvo una presencia destacada hasta la batalla del Golfo de Leyte donde resultó hundido por aviones enemigos.

El día 23 de octubre de 1944 la Fuerza Central japonesa se enfrentaba a sólo siete destructores y seis portaviones de escolta mandados por el almirante Clifton Sprague que cubrían el desembarco en Leyte y su llegada, poco antes de las siete de la mañana, fue una auténtica sorpresa para los norteamericanos. El *Yamato* disparó al momento contra la flota norteamericana. En pocos minutos los destructores *USS Hoel, USS Johnston* y *USS Samuel Roberts* se fueron a pique y poco después lo hacía el portaviones ligero *USS Gambier Bay* ante la desbandada de los destructores, incapaces de enfrentarse a los cañones de los acorazados y cruceros japoneses. En plena batalla empezaron a aparecer los aviones enviados desde el *Hornet,* el *Wasp* y el*Hancock* que se lanzaron sobre los japoneses y entonces, inexplicablemente, Kurita se retiró tomando rumbo norte y alejándose del lugar de la batalla aunque los aviones norteamericanos consiguieron hundir tres cruceros pesados, el *Nowaki* el *Suzuya* y el *Chikuma*, cuyos 1.400 tripulantes de este último resultaron muertos a excepción de un solo marinero. El Alto Mando japonés sometió a Kurita a un interrogatorio y a punto estuvo de ser acusado en un consejo de guerra por cobardía y traición, pero finalmente se le absolvió. Había dos razones fundamentales para esa actitud, una que la guerra estaba perdida de todos modos, la otra, la personalidad del almirante Takeo Kurita.

Kurita era uno de esos miembros de antigua familia samurai, destinado desde su juventud a la milicia. Nació en la localidad de Mito en 1889 y su familia pertenecía al clan samurai del mismo nombre, emparentado con otras familias de rancia estirpe. Ingresó en la Academia Naval siendo muy joven y se graduó en 1910 iniciando una prestigiosa carrera naval. Se especializó en torpedos y a partir de 1911 se embarcó en los cruceros *Kasagi, Mitaka* y *Tatsuta*. En 1920 se le dio el mando de su primer buque, el destructor *Shigure* y en 1932 mandaba ya un grupo de destructores con el *Abukuma* como buque insignia. Participó en el ataque a Pearl Harbor al mando de la 7ª Flota de Cruceros y continuó su carrera en la batalla del estrecho de la Sonda, en Midway, Guadalcanal y finalmente en la del Golfo de Leyte. Tras aquella acción fue nombrado director de la Academia Naval, un cargo en el que sólo estuvo hasta el mes de agosto cuando Japón se rindió. Finalizada la guerra no tuvo que enfrentar acusación alguna por parte de los vencedores y se retiró de la manera más discreta a trabajar como granjero. Sólo en 1954 un periodista japonés consiguió llegar hasta él y en una entrevista dio algunos detalles sobre sus decisiones en la batalla de Samar, argumentando que quiso evitar el suicidio de sus buques y sus hombres cuando ya no era necesario. Falleció en 1977 acompañado de su esposa Hiroko y su hijo Yukitake.

Unidad Especial de Ataque Shinpu

Hacia las 11 de la mañana del día 25 de octubre, un avión japonés, A 6M Zero, sobrevoló a baja altura en el mar de Samar al portaviones de escolta *USS Saint-Lo* sin disparar ninguna de sus armas. Sorprendidos, los artilleros del portaviones tampoco dispararon sobre él y le vieron alejarse hasta casi perderse de vista, pero después de hacer un amplio giro, el Zero enfiló directamente hacia el portaviones y a escasos metros soltó una de sus bombas de 250 kilos, pero lo increíble fue que el avión picó sobre la cubierta del portaviones y se estrelló sobre ella. El impacto provocó una tremenda explosión que afectó al hangar y a las bodegas y apenas unos minutos después un segundo avión hizo una maniobra parecida e impactó contra el buque. El *USS Saint-Lo*, de 7000 toneladas y una tripulación de 860 hombres se hundió en menos de media hora con un balance de 114 marineros muertos y 300 heridos. El Zero japonés pertenecía a una unidad llamada Shikishima, parte del Grupo Especial de Ataque Shinpue, e iba pilotado por el teniente de navío Yukio Seki, de 23 años. Aquella acción, inexplicable para los norteamericanos, fue la primera de algo que poco después llamarían Kamikaze, Viento Divino, y que los japoneses conocían como *tokkotai* y que no era otra cosa que una unidad de aviación naval formada y preparada para suicidarse lanzándose con su avión contra los buques norteamericanos. La unidad había sido formada siguiendo instrucciones del vicealmirante Takijiro Onishi al mando de la Primera Flota Aérea de la Armada Imperial y sus características y su dotación se decidió en una reunión en la isla de Luzón apenas unos días antes de la batalla del Golfo de Leyte, el 19 de octubre de 1944. La tesis del almirante Onishi era que aquella unidad suicida podría ralentizar el avance de la Flota norteamericana hacia Filipinas y dar tiempo a que el almirante Kurita pudiera llegar a Leyte con el grueso de sus fuerzas. Al mando del recién creado Grupo Especial de Ataque Shinpue se puso a un joven teniente, Yukio Seki y se dividió en cuatro subgrupos que actuarían en escenarios diferentes: Shikishima, Yamato, Asahi y Yamazakura*. El grupo de cinco aviones Zero del que formaba parte el teniente Seki atacó portaviones de escolta norteamericanos localizados cerca de la isla filipina de Suluan hundiendo al *USS Saint Lo*, otro avión impactó en el *USS Kitkun Bay* causándole graves daños, el cuarto fue alcanzado por el fuego de cobertura y sólo causó algunos daños en el *USS White Plain* y el quinto también derribado impactó con daños leves en el *USS Kalinin Bay*.

Yukio Seki había nacido en Iyo Saijo, lo que era entonces un pequeño poblado en la isla de Shikoku y desde muy joven expresó su interés por la milicia. Presentó solicitudes de ingreso en el Ejército y en la Marina, fue aceptado en ambos y finalmente se decidió por la Marina e ingresó en la Academia Naval de Eta-Jima. Se graduó en noviembre de 1941 apenas un mes antes del ataque a Pearl Harbor y fue destinado al portahidroaviones *Chitose*. En 1942 ingresó en la Academia Aérea Naval donde obtuvo su título de piloto y en junio de 1944 era ya jefe de escuadrilla. Se casó el 31 de mayo de 1944 con una joven llamada Mariko Watanabe y poco después fue transferido a la flotilla 201 con base en Filipinas. Cuando el comandante Asaiki Tamai le propuso formar parte del nuevo grupo de suicidas no lo dudó un instante. En realidad nunca faltaron voluntarios para los grupos de pilotos suicidas, o *tokkotai*, y no únicamente por el ansia de sacrificio, sino porque los pilotos sabían también que un ataque convencional era una muerte segura ante la enorme superioridad de la aviación y las defensas navales norteamericanas. A la hora de elegir entre caer derribado o estrellarse con el avión contra el objetivo la realidad era que esto último era lo más efectivo. Y así acabó la vida

---

* Shikishima es un nombre poético para nombrar a Japón, Yamato es el nombre antiguo del país, Asahi significa sol naciente y Yamazakura, el cerezo en flor. Todos ellos poéticos escondiendo el verdadero significado: suicidas.

del teniente de navío Yukio Seki en el mar de Samar el 25 de octubre de 1944.

El segundo grupo suicida, Yamato (nada que ver con el acorazado del mismo nombre) entró en acción al día siguiente, 26 de octubre, en el estrecho de Surigao. El primero de los Zero pilotados por suicidas, el del jefe de la escuadrilla, Tomisaku Katsumata, impactó sobre los aviones que atestaban la cubierta del portaviones *USS Suwanee*. El buque no se hundió pero hubo que lamentar 143 muertos y graves daños. Ante el éxito de la táctica suicida, el mismo día 27 de octubre, cuando ya la batalla del Golfo de Leyte estaba perdida, se crearon cuatro nuevas escuadrillas *tokkotai* Junchu, Seichu, Chuyu y Giretu.

No todos los pilotos y oficiales de la Armada estaban a favor de la táctica *tokkotai* que condenaba a muerte a jóvenes pilotos cuando la guerra estaba perdida. Entre los que se oponían fervientemente a esas acciones estaba un héroe de la aviación naval, el capitán de corbeta Yoshio Siga, que dirigió las unidades aéreas del portaviones *Kaga* desde el ataque a Pearl Harbor. Siga, nacido en Tokio en 1914, se había destacado como un extraordinario piloto en diversas acciones, en especial las de Dutch Harbor y Santa Cruz. Al ser ascendido a capitán de corbeta se le dio el mando de la unidad aérea estacionada en Matsuyama dedicada a la defensa del territorio japonés. Se mostró absolutamente en contra de la táctica suicida y convenció a muchos jóvenes pilotos de que no se presentaran voluntarios al Grupo Especial de Ataque Shinpue. Acabada la guerra fundó una empresa de fabricación de material para la policía, chalecos antibalas y porras extensibles. Falleció el 25 de noviembre de 2005 a los 91 años.

La trampa y el engaño

El plan de ataque japonés contra el desembarco norteamericano en Leyte consistía básicamente en un señuelo que alejara del centro de las operaciones al grueso de la flota del almirante Halsey. La Operación Shogo, («Victoria» en japonés) fue diseñada por el almirante Soemu Toyoda siguiendo instrucciones del primer ministro, Koiso Kuniaki que sólo pretendían hacer el mayor daño posible a los norteamericanos una vez estaba asumida la derrota de la guerra iniciada en diciembre de 1941. La estrategia consistía en formar una flota señuelo dirigida por el almirante Jisaburô Ozawa que contaría con los portaviones *Zuikaku, Zuiho, Chitose* y *Chiyoda*, sólo con sus tripulaciones y sin aviones, más dos viejos acorazados, el Ise y el Hyuga, cuatro cruceros y ocho destructores. La intención era que esa flota fuera localizada, perseguida y destruida por el grueso de la flota del almirante Halsey mientras otras tres flotas japonesas, éstas sí bien dotadas, atacarían a los norteamericanos en el golfo de Leyte. El plan, de funcionar, dejaría a la flota norteamericana de Leyte desprotegida aunque al mismo tiempo provocaría fuertes pérdidas a los japoneses que ya no recuperarían y de todos modos al mando japonés no se le ocultaba que no ganarían la batalla y mucho menos la guerra. El día 23 de octubre pareció que la estratagema de Toyoda tendría éxito, pues la Tercera Flota del almirante Halsey, con casi mil aviones lanzados desde los portaviones *USS Enterprise, USS Intrepid, USS Franklin, USS Lexington, USS Essex, USS Independence, USS Belleau Wood, USS Langley, USS Cabot* y *USS San Jacinto* se lanzaron sobre la formación de Ozawa frente al Cabo Engaño dividiendo sus fuerzas y dejando las manos prácticamente libres a la flota del almirante Kurita. Los únicos 120 Zeros que se enfrentaron a los norteamericanos sucumbieron rápidamente y a continuación fueron cayendo los buques japoneses, el *Zuikaku*, el *Zuiho*, el *Chitose* y el *Chiyoda*. Acabados los portaviones, los aviones norteamericanos se lanzaron entonces sobre los cruceros hundiendo al *Tama* y al *Kin* y a cuatro destructores. Un auténtico sacrifico inútil de la Marina japonesa que dejó más de 2.600 muertos.

El artífice de la estrategia de Cabo Engaño, Soemu Toyoda, era Comandante en Jefe de la Flota Combinada desde el mes de junio, sustituyendo al almirante Mineichi Koga fallecido cuando el hidroavión en el que viajaba fue sorprendido por un tifón en pleno vuelo y se estrelló en el mar entre las islas de Palau y Davao. Toyota, nacido en la ciudad de Mitsuki en 1885 se graduó en la Academia Naval en 1905 y realizó sus primeras prácticas en los cruceros *Hashidate* y

Nisshin de donde pasó ya como oficial al destructor *Asatsuyu*. Continuó sus estudios especializándose en torpedos y en artillería naval y tras su paso por la Academia de Guerra fue ayudante de campo del almirante Yoshimasa Motomaro y agregado naval en el Reino Unido y tras su regreso a Japón después de varios destinos se le otorgó el mando de su primer buque, el crucero *Yura*, en 1926. Fue asistente del almirante Yamamoto durante la Conferencia Naval de Londres de 1931 y ese mismo año fue ascendido a contralmirante. En los años previos a la guerra recibió el mando de dos flotas, la IVª y la IIª implicadas en la guerra chino-japonesa y se destacó por su firme oposición a la guerra con Estados Unidos que siempre consideró que no se podía ganar. Esa actitud y su postura férreamente favorable al desarrollo de la aviación naval, en contra de la opinión del general Tojo y de los mandos del Ejército de Tierra, le granjeó muchas enemistades y fue relegado al mando de un sector naval en la metrópoli. Volvió a primera línea a raíz de la muerte del almirante Koga pero Toyoda se había sentido siempre en posesión de la razón y su plan en Leyte no fue otro que dañar lo más posible a los norteamericanos convencido de que ese era todo el objetivo posible. Su plan no llegó a funcionar por la maniobra del almirante Kurita, aunque en la siguiente acción planeada por Toyoda quedó en evidencia que su actitud era del todo suicida, un suicidio de la Flota Imperial en su conjunto. De él fue el diseño de la última gran batalla protagonizada por la Marina Imperial japonesa, la Operación To-Go encaminada a desbaratar el desembarco norteamericano en Okinawa en abril de 1945, una decisión de lucha hasta la muerte que mantuvo incluso después de los bombardeos atómicos de Hiroshima y Nagasaki mostrándose partidario de continuar la guerra y sólo aceptó la rendición por orden directa del Emperador. En agosto de 1945 fue detenido y acusado de crímenes de guerra, como muchos altos oficiales japoneses pero fue declarado inocente en los procesos de Tokio de 1948, iniciando una vida civil, retirado de toda actividad y dedicado a escribir sus memorias. Murió en 1957, siete años después de publicar el libro.

3.9. Iwo Jima

Operación Detachment

En la mente del general Tadamichi Kuribayashi todavía vivía el momento, mágico, en que se había inclinado ante el emperador, un honor que pocos hombres podían conseguir. Era el mes de julio de 1944, Kuribayashi acababa de cumplir 53 años y hacía apenas un año que había sido ascendido a teniente general. Pero lo que en aquel momento llenaba su cabeza y le hacía olvidar cualquier otra cosa era el encargo que el Primer Ministro, el general Tojo, le acababa de confiar: organizar la defensa de la isla de Iwo Jima. Para Kuribayashi no era ningún secreto que la de Iwo Jima iba a ser una batalla crucial, si no la última, contra su formidable enemigo, los Estados Unidos de Norteamérica. Tras la batalla naval del Golfo de Leyte, la Armada Imperial había desaparecido prácticamente al igual que la flota mercante, hundida por la labor incansable de los submarinos enemigos. La guerra estaba perdida. Iwo Jima, a medio camino entre las islas Marianas y el archipiélago japonés, era el último bastión de defensa de la metrópoli y desde las Marianas los modernos bombarderos B-29 norteamericanos podían llegar hasta las ciudades japonesas, aunque allí eran vulnerables porque los cazas de escolta no tenían autonomía para escoltarles, de ahí la necesidad para los norteamericanos de los aeródromos de Iwo Jima y de ahí la necesidad para los japoneses de mantener aquella pequeña isla, de apenas 20 kilómetros cuadrados.

Lo primero que hizo el general Kuribayashi fue organizar una defensa inteligente y con algunos rasgos únicos. Por un lado asegurar a todas las fuerzas a sus órdenes, desde él mismo hasta el último soldado que de Iwo Jima no saldrían vivos y que su estrategia era causar tantas bajas a los norteamericanos que les obligaran a aceptar una rendición del Japón con condiciones que salvaguardaran el honor del Imperio. Por otro lado, convertir Iwo Jima en un bastión donde, al contrario que con la suicida táctica «banzai», obligaran a los invasores a lanzarse ellos al ataque a pecho descubierto contra túneles, fortificaciones y agujeros.

A las 9 de la mañana del día 19 de febrero de 1945, las primeras lanchas de desembarco de los marines alcanzaron la playa suroeste, de unos 1500 metros, en las faldas del monte Suribachi. En total debían desembarcar unos 70.000 infantes de marina contra unos 21.000 infantes japoneses con una diferencia notable en cuanto a sus equipos y armamentos. Los norteamericanos estaban en la cumbre de su producción de guerra mientras que los japoneses acusaban totalmente la falta de suministros no sólo de munición sino incluso de agua y alimentos. Kuribayashi había eliminado todo el sistema defensivo en las playas por lo que los marines se encontraron con que no había resistencia al desembarcar y acumularon en las playa hombres, material, armas e incluso carros de combate en un caos que la artillería japonesa aprovechó para causarles las primeras pérdidas. Tres días después, los norteamericanos consiguieron coronar el monte Suribachi con el famoso despliegue de la bandera fotografiado por Joseph Rosenthal. El despliegue de la bandera, saludado por los gritos de los marineros y las sirenas de los buques fue no obstante un espejismo pues la resistencia de los japoneses se mantuvo ferozmente durante

Vista aérea de la primera oleada invasora
en las playas de Iwo Jima.

un mes. El día 25 de marzo, un grupo de doscientos soldados japoneses, con Kuribayashi al frente, los últimos que quedaban con vida, se lanzaron a un ataque suicida contra los norteamericanos y perecieron todos ellos, incluido el teniente general Tadamichi Kuribayashi. Kuribayashi había nacido en Nagano en el seno de una tradicional familia de samurais por lo que desde muy joven estaba claro que su vida iba a ser el Ejército. Estudió en la escuela primaria de su ciudad natal y también sus estudios secundarios que terminó en 1911. En algún momento de aquellos años se sintió tentado por el periodismo pero finalmente fue la milicia quien ganó la partida e ingresó en la Academia Militar donde se graduó en 1914. Se especializó en el arma de caballería y siguió sus estudios en la Academia Militar de Caballería y posteriormente en la Escuela de Guerra donde se graduó en 1923. El 8 de diciembre de ese mismo año se casó con una muchacha llamada Yoshii de la que tuvo tres hijos. Brillante e inteligente, se le envió como agregado militar en la Embajada de Japón en Washington en 1928 y empleó dos años en viajar por el país por cuenta del Servicio de Inteligencia del Ejército haciendo una evaluación de la capacidad militar e industrial de Norteamérica e incluso cursó estudios en la Universidad de Harvard. Hizo muchos amigos tanto entre los militares norteamericanos como entre el profesorado universitario y siempre se pronunció con gran respeto por los que a la postre serían sus enemigos e incluso compartía con oficiales como Yamamoto o Masaharu Homma la idea de que nunca podrían derrotar a Estados Unidos. Tras una etapa como agregado militar en Canadá desempeñó varios cargos en el arma de Caballería hasta que ya en guerra se le encomendó la jefatura de Estado Mayor, primero del XXIII Ejército destacado en China. En mayo de 1944 fue nombrado comandante en jefe del Ejército en las islas Bonin en territorio japonés y de ahí pasó al mando de Iwo Jima.

El muchacho que sobrevivió a la guerra

Dice una oración de los apaches chiricahuas: «En la vejez, vagando por un sendero de belleza, volviendo a vivir, caminaré». Para Ira Hamilton Hayes, apache chiricahua, como Gerónimo, nacido en la reserva del río Gila, en Arizona, la vejez no llegó nunca y probablemente eso debía rondar por su cabeza en la mañana del día 19 de febrero de 1945 cuando se disponía a desembarcar en la isla de Iwo Jima. El joven marine no tenía entonces más objetivo que tomar la pequeña isla y en la medida de lo posible sobrevivir y se puso a ello como los 70.000 compañeros desembarcados en diversas oleadas en Red Beach. A su unidad, Compañía E, 2d Batallón, 28 Regimiento de Marines, 5ª División le correspondió el asalto al monte Suribachi, tres días de duros combates contra un enemigo escondido en túneles, agujeros y quebradas con la consigna de morir combatiendo, sin posibilidades de rendición. Nada más desembarcar en aquella playa, un héroe nacional, el sargento Basilone había caído, de los primeros, como los casi 6.000 que iban a morir en un mes de combates más 18.000 heridos de los que otros 1.400 morirían posteriormente. El trabajo de Ira fue agotador, escalando un monte de apenas 170 metros de altura defendido por 2.000 hombres al mando del coronel Kanehiko Atsuchi, un monte escarpado y lleno de quebradas, horadado como un nido de hormigas del que había que eliminar a los combatientes japoneses casi uno a uno.

Un total de 170 buques habían participado en el desembarco: los portaviones: *USS Saratoga, USS Anzio, USS Tulagi, USS Bougainville, USS Admiratly Islands, USS Attu, USS Windman Bay, USS Sitkoh Bay, USS Makassar Strait, USS Shamrock Bay, USS Punta Lunga* y *USS Bismark Sea*; los acorazados: *USS Tennessee, USS Idaho, USS Nevada, USS Texas, USS New York, USS Arkansas, USS West Virginia, USS Winsconsin, USS Missouri, USS South Dakota, USS New Jersey, USS Washington, USS North Carolina, USS Massachusetts, USS Indiana* y *USS Alaska.* Los cruceros *USS Tuscaloosa, USS Chester, USS Pensacola, USS Salt Lake City, USS Vicksburg, USS San Francisco, USS Boston, USS Astoria II, USS Wilkes-Barre, USS Pasadena, USS Detroit, USS Pittsburg, USS Indianapolis, USS Vincennes II, USS Miami, USS San Juan, USS Biloxi, USS Santa Fe* y *USS San Diego,* más 76 destructores y decenas de transportes, petroleros y buques auxiliares todo ello al mando del almirante Raymond Spruance.

La estrategia del ataque consistió en la clásica de la conquista del Pacífico isla por isla, un intenso bombardeo desde el mar con los acorazados y los aviones de la marina y el posterior desembarco de los marines. En un cálculo optimista, el almirante Nimitz comandante en jefe de la Flota del Pacífico cifró en 10.000 las bajas de sus hombres entre muertos o heridos, pero finalmente fueron más de 24.000, de hecho superiores a las de los japoneses por primera y única vez en la guerra. El día 16 de febrero, tres días antes del previsto para el desembarco, empezó el bombardeo de la isla. «Ninguna otra isla como Iwo Jima hubo antes recibido semejante bombardeo preliminar», dijo el almirante Nimitz, pero al igual que sus compañeros, Ira Hayes se quedó asombrado de que no se les masacrara en la playa. Al fin y al cabo, era su trabajo. Pero en Iwo Jima no fue así y sólo cuando la playa se convirtió en un caos de hombres y material fue cuando los japoneses les empezaron a disparar desde cientos de agujeros y posiciones en el monte Suribachi y a todo lo largo de la playa.

Ira Hayes había ingresado en los marines ya entrada la guerra, en agosto de 1942 y se alistó en las recién creados paracaidistas de los marines, una unidad que fue disuelta en 1944. Tomó parte en la campaña de Bougainville y de ahí fue enviado a Hawai y encuadrado en la 5ª División la encargada del trabajo en Iwo Jima. Tres días después, cuando los marines alcanzaron la cima del monte fue cuando Hayes recibió la orden que iba a cambiar su vida: tenía que formar parte de un grupo de cinco marines y un sanitario que debían colocar una gran bandera en lo alto del monte. Al parecer, un primer grupo de marines había colocado una que alguien llevaba en su mochila pero los jefes consideraron que era demasiado pequeña e improvisada y mandaron que se sustituyera por otra. Seis hombres, Ira Hayes, John «doc» Bradley, Rene Gagnon, Franklin Sousley, Michael Strank y Harlon Block colocaron la bandera y pasaron a la historia, triste historia, fotografiados por Joe Rosenthal. En el mes de duros combates que siguieron Franklin Sousley, Michael Strank y Harlon Block dejaron su vida y los tres sobrevivientes fueron enviados a Estados Unidos, como en el caso de Basilone, a dejarse fotografiar para contribuir a la recaudación de bonos de guerra, aunque ya quedaba muy poca guerra. De los soldados que colocaron la primera bandera Hank Hansen, Ernest Thomas, Phil Ward, Jim Michaels y Chuck Lindberg no quedó recuerdo alguno. La vida de Ira Hayes cambió, sí.

Dejó Iwo Jima vivo antes de que se completara la conquista, algo que nunca se perdonó a sí mismo, como si fuera su responsabilidad. Dicen sus biógrafos que vivió una efímera fama, considerado un héroe, un guerrero entre los indios de la reserva. Fue actor en la película *Arenas sangrientas (Sands of Iwo Jima)*, de Alan Dwan, protagonizada por John Wayne, pero su vida fue de mal en peor y siguió la senda de alcoholismo que persigue a los indios de las reservas. Un año después de finalizada la guerra, Hayes viajó hasta una granja en Wexlaco en el estado de Texas para explicar a la familia de Harlon Block que fue su hijo quien había izado aquella bandera en Iwo Jima, algo que la familia le agradeció. Incapaz de llevar una vida normal, Hayes cayó en el alcoholismo y fue arrestado hasta 52 veces por beber en público y por escándalo. Falleció alcoholizado, probablemente de frío, tras una noche bebiendo en la reserva del río Gila el 24 de enero de 1955, la misma reserva donde había nacido en 1923.

3.10. Okinawa

El piloto Ogawa y el buzo Robert Schock

El día 11 de mayo de 1945, los avatares de la guerra unieron al piloto Kiyoshi Ogawa con el buzo de la US Navy Robert Schock, el primero a los mandos de su avión, un Mitsubishi Zero, y el segundo a bordo del portaviones ligero *USS Bunker Hill* en aguas de la isla de Okinawa. Ese día, el portaviones participaba en la operación llamada Iceberg, el desembarco de 183.000 marines y soldados en la isla de Okinawa, el primer gran objetivo en territorio japonés después de la conquista de Iwo Jima. El *USS Bunker Hill* navegaba junto a otros once portaviones, *Enterprise, Essex, Intrepid, Hornet, Franklin, Cowpens, San Jacinto, Savo Island, Petrof Bay, Sargent Bay* y *Steamer Bay*. La flota contaba además con nueve cruceros, catorce acorazados y doce destructores, sólo una parte de un total de 462 navíos norteamericanos más 99 británicos que debían enfrentarse a los restos de la Armada Imperial japonesa empeñada en una misión suicida, en especial al acorazado *Yamato* y otros nueve buques: el crucero *Yahagi* y ocho destructores.

El acorazado *Yamato* (con su gemelo *Musashi*) era el mayor acorazado nunca construido con sus 72.000 toneladas de desplazamiento con carga completa, 256 metros de eslora, un calado de 11 metros y un blindaje de 410 milímetros en el casco que le hacía casi invulnerable. Su armamento en el momento de lanzarse a la batalla de Okinawa era de nueve cañones de 460 mm en tres torretas, seis cañones de 155 mm, 24 de 127 mm en doce torretas, 162 cañones de 25 mm y cuatro de 13 mm. Podía alcanzar los 27 nudos de velocidad y disponía de siete hidroaviones. Su tripulación, al mando del capitán de navío Kosaku Aruga, era de 2.800 hombres y aunque teóricamente tenía una autonomía de 7.200 millas para aquella operación To-Go se le dotó apenas del combustible suficiente para llegar al teatro de operaciones de Okinawa. Las órdenes que tenía su comandante, Aruga, eran las de provocar los mayores daños posibles al desembarco norteamericano y embarrancar luego la nave en la costa utilizándolo como un fortín y convirtiendo a sus marineros en fuerzas de tierra. Botado en agosto de 1940, su historial de combate no había respondido a las expectativas básicamente por el cambio en la estrategia del combate naval que había primado a los portaviones en detrimento de los antiguos acorazados. Sus acciones se centraron básicamente en el transporte de tropas y material y una escasa participación en Truk y en la batalla del Golfo de Leyte. Para los estrategas navales japoneses era suficiente su sola presencia para convertirlo en un arma útil, pero su destino, como el del famoso *Bismarck* en el teatro europeo, ya estaba señalado.

En el diseño de la operación Ten-Go, la que sería la última operación naval japonesa en la guerra del Pacífico, tenía una parte fundamental la utilización de los pilotos conocidos por los norteamericanos como kamikaze y entre los japoneses como *tokkotai*. Después de su utilización en la batalla del Golfo de Leyte unos meses antes, hasta los más reacios comandantes japoneses se habían dado cuenta que la táctica era más eficaz que la lucha clásica contra una aviación naval infinitamente superior. El piloto Kiyoshi Ogawa formaba parte de la unidad *tokkotai*, Showa 7 Dai-Tai con base en Kyu-Shu y despegó aquella mañana entusiasmado con su misión, una simple y clara misión. Acompañado por otro Zero pilotado por Yasunori Seizo, debía localizar a los buques norteamericanos, preferiblemente portaviones o acorazados y estrellarse contra uno causando el mayor daño posible. Ozawa se había ofrecido voluntario al recién creado grupo *tokkotai* y había recibido un entrenamiento especial que hacer más mortífero a su avión de lo que se podía esperar de los legendarios Zero. La táctica estudiada era la de dotarse de varias bombas de 250 kilos, lanzarse en picado contra el buque enemigo y soltar primero una de las bombas a muy corta distancia para estrellar después el avión, preferiblemente en la torreta de los portaviones o en la obra viva en todo caso.

Esa misma mañana, el buceador de la US Navy, Robert Schock, miembro de la tripulación del portaviones *USS Bunker Hill*, se encontraba bajo la cubierta, tomándose unos momentos de descanso pues hasta el momento, la flotilla de la que formaba parte el portaviones no había tropezado con ninguna fuerza enemiga. Sobre la cubierta del buque se amontonaban hasta 34 aviones, cazas y bombarderos en picado, algunos de ellos con los depósitos llenos de combustible, listos para despegar. Poco después de las diez de la mañana una voz de alarma llegó al buque, era la del teniente de navío James E. Swett, a los mandos de su F4U-1C Corsair que avisaba, alarmado, de la presencia de dos zeros solitarios que volaban directos hacia el portaviones: «¡Alerta!, ¡alerta! dos aviones de cabeza hacia el Bunker Hill!». Los dos aviones, el de Ogawa y el de su compañero Seizo se lanzaron a tan gran velocidad contra un buque que no estaba en estado de alerta y que no tuvo tiempo de disponer las baterías antiaéreas. Seizo dejó caer su bomba que atravesó la cubierta principal del *USS*

Bunker y estalló dos más abajo, junto al agua. El avión se estrelló en cubierta, estalló envuelto en llamas y sus fragmentos arrasaron los aviones estacionados y provocaron un gran incendio. Apenas unos segundo después llegó el avión de Ogawa en un picado casi vertical dejando caer su bomba e impactando en cubierta justo rozando la torreta del portaviones. Su bomba voló la cabina de vuelo del portaviones junto al puente de mando, pero por alguna razón desconocida el Zero de Ogawa no estalló ni se incendió. El avión quedó empotrado en el hangar del navío ya parcialmente inundado. Fue entonces cuando el buceador de la Armada, Robert Schock se acercó hasta el aparato semi destruido para comprobar que su piloto, Kiyoshi Ogawa estaba muerto. Como solía hacer, Schock recuperó algunos objetos de las ropas de Ogawa como recuerdo, la etiqueta con su nombre, un reloj reglamentario de los pilotos, roto, el cinturón del paracaídas y una carta con algunas fotografías que el piloto llevaba el bolsillo. La carta era una despedida dirigida a su familia escrita poco antes emprender su ultima misión y que no había podido enviar: «Voy a hacer una salida, volando sobre ese cielo en calma, con una tranquila emoción. No puedo pensar ni en la vida ni en la muerte. Un hombre debe morir una vez y ningún día es más honorable que hoy para dedicarme a la causa eterna... voy a ir al frente sonriendo. En el día de la salida también, y para siempre».

Kiyoshi Ogawa había nacido en un pueblecito del distrito de Tsui en 1922, el menor de los hijos de la familia Oshia. De niño fue un buen estudiante y al terminar los estudios secundarios ingresó en la prestigiosa Universidad privada de Waseda, cerca de Tokio, la primera universidad privada y la más prestigiosa de las fundadas en Japón. Su educación distaba mucho de la rígida formación de las escuelas militares y estaba más cercana al liberalismo occidental. Al término de la graduación, no obstante, pasó a formar parte del colectivo de estudiantes-soldados donde recibió una formación com piloto. Al término de sus estudios recibió el grado de alférez y fue asignado a un escuadrón aéreo llamado Kokutai, una agrupación nominalmente de la Marina Imperial pero que podía tener bases en tierra. Fue ahí donde se le ofreció la oportunidad de integrase en uno de los grupos *tokkotai* (kamikaze) algo que aceptó entusiasmado y que le llevó a la muerte.

El *USS Bunker Hill* no se hundió. Gravemente dañado pudo llegar a Pearl Harbor y de ahí a Bremerton donde se iniciaron las reparaciones. Ya no pudo volver a participar en una guerra que finalizó poco después. El buque había perdido casi 500 hombres en el ataque más sangriento de los realizados por kamikazes, pero Robert Schock estaba entre los supervivientes. Dejó el buque y volvió a su casa terminada la guerra con una modesta caja de cartón donde guardó los recuerdos del piloto que había muerto en el ataque en Okinawa. A la muerte de Schock, en noviembre de 2000, un nieto de éste, Dax Berg, descubrió la caja con los objetos de Ogawa, sintió curiosidad y entonces se produjeron una serie de coincidencias. Dax le habló del hallazgo a su jefe en la empresa donde trabajaba, Paul Grace, quien dio la casualidad que era un prestigioso traductor de japonés y estaba casado con una mujer japonesa. Los Grace leyeron la emotiva carta y descifraron el nombre del piloto acudiendo entonces a la Agencia de Defensa de Japón, cliente de Paul Grace. No fue fácil localizar a la familia del alférez Ogawa que quedaba con vida, pero lo consiguieron y la señora Grace les escribió una carta en diciembre de ese año dándoles cuenta de lo que habían descubierto hasta el momento: los objetos personales del alférez Ogawa, su pertenencia al grupo *tokkotai* Showa 7 Dai-Tai y su muerte el día 11 de mayo de 1945 en el *USS Bunker Hill*. El 27 de marzo de 2001, la familia del alférez, Yoko Ogawa, sobrina nieta de Kiyoshi Ogawa, la madre de ésta y Masao Kuniminese un viejo amigo de la universidad viajaron hasta San Francisco donde se reunieron con Dax Berge que les hizo entrega de los recuerdos de Kiyoshi Ogawa que su abuelo había conservado hasta la muerte.

Los británicos en Okinawa

Entre el 26 de marzo y el 10 de abril de 1945, la aviación de la Royal Navy, adscrita a la fuerza de invasión de Okinawa con el nombre de Fuerza TF, bombardeó sistemáticamente los aeródromos japoneses de las islas Sakishima. Los portaviones *HMS Formidable, HMS Illustrious, HMS Indomitable* y *HMS Victorious* pertenecientes a la Flota Británica del Pacífico, mandada por el vicealmirante sir H. Bernard Rawlings, tenía como misión neutralizar los aeródromos cercanos a

Okinawa para proteger el desembarco y así lo hicieron con un notable éxito. Uno de los buques asignados a la Flota era el crucero ligero *HMS Swiftsure* mandado por el capitán de navío Patrick Vivian McLaughlin, buque insignia del 4º Escuadrón de cruceros del contralmirante E.J. P. Brind. La mayor parte de los aviones despegados de las bases de las islas Sakishima, integradas en el archipiélago de las Ryukyu, eran kamikazes dispuestos a lanzarse sobre los buques aliados y el Swiftsure tuvo que repeler varios ataques aunque uno de ellos llegó a alcanzarlo sin grandes daños. Tras la amarga experiencia de la batalla del Golfo de Leyte, los aliados habían aprendido a defenderse de los ataques suicidas y habían ideado una táctica que consistía en rodear a los grandes buques de un anillo protector de destructores y otros pequeños buques, a suficiente distancia, para interceptar a los aviones suicidas antes de que se acercaran.

Como parte de la Flota Británica del Pacífico, después del desembarco y la batalla naval de Okinawa el Swiftsure participó todavía en la acción de Truk, la operación conocida como Inmate, una batalla

Con la aparición de los kamikazes los marinos americanos comprendieron casi de pronto que tenían ante ellos una nueva arma o, al menos, un nuevo modo de combatir.

testimonial contra el pequeño atolón, uno de aquellos enclaves japoneses que el almirante Nimitz había considerado inoperantes, sobre todo después del bombardeo que en febrero de 1944 arrasó las instalaciones aeronavales japonesas y dejó a lo que quedaba de guarnición sin suministros y sin alimentos. Abocados al final de la guerra, se encomendó a la Flota Británica su definitiva liquidación y entre el 12 y el 16 de junio, los británicos bombardearon la isla acabando con lo poco que quedaba. La guarnición se rindió por ausencia total de alimentos en noviembre de 1945, tres meses después de la capitulación del Japón.

Tras la acción de Truk, al *HMS Swiftsure* se le encomendó probablemente la misión más destacada de toda la guerra. El capitán Patrick Vivian McLaughlin recibió la orden de dirigirse al puerto de Hong Kong a donde llegó a finales de agosto. El día 30, a bordo del buque y ante el almirante Cecil Harcourt y el capitán McLaughlin, el vicealmirante Fujita y el teniente general Tanaka, comandantes de las fuerzas de ocupación japonesas en Hong Kong, firmaron la rendición y la devolución de la colonia al Imperio Británico.

Patrick Vivian McLaughlin continuó al mando del buque hasta finales de 1946 en que se retiró del servicio activo. Había nacido en 1901, hijo de Vivian Guy McLaughlin, miembro de una familia de tradición militar, y de Edith Martineau. Estaba casado en segundas nupcias con Eglantine Marie Elizabeth Christie y falleció en 1969 a la edad de 68 años.

Marines

«Mientras recorría con la mirada los restos del combate, me asombró la absoluta incongruencia de todo aquello. Allí, las gentes de Okinawa habían cultivado su tierra con antiguos y rudimentarios métodos de labranza; pero la guerra había llegado y había traído con ella la tecnología más moderna y refinada para matar»*.

La tecnología de la que habla el soldado E.B. Sledge en la segunda parte de su libro, la que habla sobre Okinawa, sugiere el rifle

---

* *Diario de un marine*. E.B. Sledge. Militaria/Planeta.

automático Browning, el M1, la granada MK2, la ametralladora pesada Browning M2, la liviana Thomson, los aviones Grumman F4F Wildcat, Mustang o B29, los portaviones, acorazados, cruceros, destructores y una larga lista de cañones de todos los calibres, en los buques o en tierra. Todo ello se puso al servicio de la invasión de la isla japonesa de Okinawa desde el 1 de abril de 1945 hasta el 21 de junio del mismo año. Sledge formaba parte del 3er. batallón del 5º regimiento, 1ª División de Marines, la misma unidad con la que había combatido en Peleliu y formaba parte de un formidable despliegue al mando del general Simon Bolivar Buckner: 102.000 soldados del Ejército y 82.000 marines para la primera oleada. Para los marines todo empezó el día 1 de abril, cuando aún no había amanecido y un toque de diana les despertó a bordo de los transportes frente a la isla de Okinawa. Los problemas para los marines empezaron inmediatamente cuando recibieron la orden de guarecerse bajo cubierta, en compartimentos cerrados y casi sin aire para evitar que les ametrallaran en cubierta los Zero japoneses. Poco después de las 8 de la mañana la unidad de Sledge desembarcó en la playa de Hagushi, al sur de la isla y en las cercanías de dos aeródromos, el de Yontan y el de Kadena y en menos de una hora casi 10.000 hombres estaban sobre la playa sin disparar un solo tiro. Los estrategas japoneses, en especial el general Isamu Cho, habían ideado un sistema defensivo semejante al de Iwo Jima, es decir dejar las playas al enemigo y atrincherarse en el interior de la isla aprovechando la orografía volcánica, excavando túneles, búnkers y agujeros fortificados casi imposibles de detectar. Poco a poco la resistencia japonesa se fue manifestando, cada vez con más fuerza. La 1ª División de marines limpió el centro de la isla mientras la 6ª se lanzó a la conquista de la parte norte donde la resistencia japonesa fue muy fuerte. En el sur, las fuerzas de infantería del Ejército se batían contra unidades japonesas fuertemente atrincheradas y apenas si podían avanzar. A mediados de abril el idílico paseo por el centro de la isla pareció terminar para la 1ª División de Marines cuando el comandante en jefe de la operación, Buckner, ordenó su traslado al sur para relevar a la fuerza de infantería del Ejército que había protagonizado un rotundo fracaso en su ofensiva del día 4 de mayo.

El avance los marines se fue convirtiendo en una carnicería y entre los días 29 y 31 de mayo consiguieron tomar el castillo y la ciudad de Shuri, pero aquello fue un espejismo porque durante tres semanas la ocupación de tan exiguo terreno se convirtió en un infierno ante la tenaz y suicida resistencia de los japoneses. Los defensores se fueron retirando hacia el sur de la isla sin cesar ni un momento en su feroz resistencia causando un enorme número de bajas a los marines, incluyendo al comandante en jefe de la invasión, el general Buckner que murió en un bombardeo artillero el 18 de junio. El 21 de junio

El objetivo principal de la invasión de Okinawa era apoderarse de una gran isla que distaba a sólo 340 km de distancia del Japón.

los norteamericanos consideraron que la isla había sido conquistada aunque algunos japoneses continuaron resistiendo en puntos aislados. Las bajas por parte norteamericana llegaron a los 12.500 muertos y más de 34.000 heridos, pero la matanza entre los japoneses fue inenarrable, con más de 110.000 muertos y poco más de 7.000 prisioneros. Entre los muertos estaban los dos principales comandantes japoneses, los generales Mitsuru Ushijima y Isamu Cho que se suicidaron con el ritual del haraquiri en su cuartel general cuando la batalla estaba concluyendo.

Uno de los episodios más trágicos de la batalla de Okinawa fue el suicidio masivo de civiles y militares japoneses cuando terminó la lucha con la victoria de los norteamericanos. Aparte del suicidio ritual que practicaron muchos oficiales y algunos soldados, la población civil también sufrió una oleada de suicidios inducidos por la propaganda que presentaba a los soldados norteamericanos como bárbaros que cometían todo tipo de tropelías contra la población. Los militares japoneses presionaban a los hombres para que asesinaran a sus familias y luego se suicidaran con la idea de ahorrarles las supuestas vejaciones. Lo cierto y constatado es que hubo masivos suicidios y testimonios de algunos supervivientes como Shigeaki Kinjo* quien, apenas cumplidos los 20 años, asesinó a golpes a su madre y a sus dos hermanos pequeños siguiendo las instrucciones de los jefes militares. Otro método, mejor organizado, fue el de distribuir granadas de mano entre la población con las instrucciones para hacerlas estallar contra sí mismos y sus familias. El testimonio de Miyazato Ikue, que sobrevivió porque falló la granada así lo afirma: «Un soldado me dijo que cuando llegaran los americanos, debía matarme quitando la anilla de la granada y me enseñó cómo hacerlo».

* http://www.sentadofrentealmundo.com/2009/09/los-suicidios-de-okinawa.html

La sangrienta conquista de Okinawa tuvo dos consecuencias, una de ellas que la isla se convirtió, más allá de lo previsto, en una auténtica base de invasión contra el corazón del Imperio japonés. Aeródromo para bombardear Japón, puerto de tránsito, base para la flota e incluso el establecimiento del gobierno militar de ocupación en las islas de Riu Kyu frente a Okinawa. De hecho incluso la población autóctona, una vez se percató de que la ocupación norteamericana no tenía nada que ver con la propaganda militar japonesa, colaboró en recuperar poco a poco la vida normal de la isla. La segunda consecuencia, más discutible, fue que Okinawa fue la razón de que los norteamericanos recurrieran a las bombas atómicas para terminar la guerra en lugar de ocupar el país isla por isla. El historiador Victor Davis Hanson, autor de la introducción del libro *Diario de un marine* de Sledge, pone el dedo en la llaga cuando afirma que una alternativa para acabar con la guerra podía haber sido el bombardeo sistemático de las ciudades japonesas, lo que a la larga produciría más bajas entre la población civil que lo de Hiroshima y Nagasaki. Otra alternativa, descartada después de la sangría de Okinawa, era la de la invasión isla por isla del Japón, lo que acarrearía un número de bajas inasumible para los norteamericanos. Así pues, la utilización de la recién creada bomba atómica fue considerada una buena solución que, al mismo tiempo, suponía un aviso del potencial de los Estados Unidos de América, en especial a la Unión Soviética.

4

El Mediterráneo

4.1. La lucha por el control del Mare Nostrum

Tarento, la antesala de Pearl Harbor
A las 20'30 del día 11 de noviembre de 1940, el capitán de fragata K. Williamson de la Royal Navy, empujó el mando de su avión, un biplano Fairey Swordfish armado con un torpedo y se deslizó por la cubierta de despegue del portaviones *HMS Illustrious*. Era la primera vez que el flamante portaviones entraba en combate pues hacía apenas seis meses que había entrado en servicio. El avión pilotado por Williamson y su ayudante, el teniente N.J. Scarlett, era un nuevo modelo introducido en la Royal Navy en 1936 y que pronto sería superado por nuevos modelos como el Fairey Barracuda. Ese día, Williamson estaba al mando de un escuadrón de doce aviones torpederos, el 815 y podía darse por satisfecho con las condiciones meteorológicas, una excelente visibilidad, una ligera brisa del noroeste y la luna en un avanzado cuarto creciente. El *HMS Illustrious* del que acababa de despegar formaba parte de una flota compuesta por los cruceros *HMS Gloucester, HMS Berwick* y *HMS Glasgow* más cuatro destructores y mandada por el almirante Andrew Cunningham. Un problema de última hora, a causa de las averías, había dejado fuera de servicio al segundo portaviones que debía formar parte de la flota, el *HMS Eagle* que no había podido zarpar del puerto de Alejandría pero había prestado todos sus aviones al *Illustrious*. La operación, que llevaba el nombre de Judgement, había empezado días antes en Alejandría, cuando el *Illustrious* se había unido al resto de la Flota y ésta había zarpado en dirección a Tarento, en el sur de Italia. Williamson y sus

aviones contaban con un golpe de suerte inesperado, un fuerte viento el día anterior había soltado 70 de los globos cautivos que protegían el puerto, base de la flota italiana, por lo que solo 27 estaban operativos. Tampoco estaban extendidos los 12.500 metros de redes antisubmarinas previstos por retraso en la instalación que sólo tenía 4.200. Williamson y sus hombres contaban además con la ventaja de la experiencia en el puerto de Tobruk que los hacía capaces de lanzar los torpedos de sus aviones a solo trescientos metros de los objetivos. La primera oleada llegó a las 10'45 de la noche y no se puede decir que fuera inesperada pues desde primeras horas de la mañana las alarmas aéreas habían estado sonando en la base ante la vista de los aviones de observación ingleses que iban tomando nota de la presencia y situación de los buques italianos. A pesar de las señales de que algo iba pasar, la excesiva confianza de los italianos en sus defensas resulto nefasta. Los seis primeros aviones al mando de Williams dejaron caer su carga de bombas sin demasiado resultado mientras las baterías antiaéreas les disparaban, pero fueron los torpederos los que aprovecharon el momento y se lanzaron sobre la flota enemiga. Los Swordfish volaban a 1.300 de altura, apagaron sus motores y en completo silencio descendieron planeando hasta apenas 10 metros sobre el agua. El avión pilotado por Williamson se lanzó sobre el acorazado *Conte di Cavour* y todo sucedió rápidamente, a 500 metros del objetivo el avión fue descubierto y las ametralladoras dispararon sobre él mientras Williamson soltaba su torpedo. El avión fue derribado y Williamson y el teniente N.J. Scarlett consiguieron saltar del aparato y aunque ilesos fueron capturados. El torpedo lanzado por Williamson alcanzó de lleno al *Conte di Cavour* dañando de tal modo la proa que estuvo fuera de servicio hasta 1943. A las 23'15 dos tor-

pedos alcanzan al *RMI Littorio* que permanecería también cuatro meses fuera de servicio. La segunda oleada se produjo hacia la medianoche y el avión pilotado por el teniente Lewis Lea acertó con su torpedo al *Caio Duilio*. Únicamente veinte aviones participaron en el ataque y las consecuencias que se extrajeron fueron básicas para la guerra en el mar. La Royal Navy y los observadores japoneses o norteamericanos se percataron de que los combates navales de superficie habían pasado a la historia y que la aviación, basada en portaviones era la nueva y definitiva arma. Pero hubo más. El ataque con aviones a una flota y la utilización de los torpedos modificados fue algo que el almirante Yamamoto aprendió para el ataque a Pearl Harbor.

La acción de Tarento supuso, además de la demostración de la preponderancia de la aviación basada en portaviones, en los combates navales, la neutralización de la poderosa marina italiana que hasta el momento parecía controlar el Mediterráneo Oriental. El hombre que supo ver las posibilidades de la aviación naval y la vulnerabilidad de la Armada italiana concentrada en Tarento fue el almirante Andrew Cunningham, hijo de una familia de profesores de origen escocés y nacido en Dublín en 1883, cuando Irlanda formaba parte del Reino Unido. Tanto su padre como su madre provenían de familias muy religiosas con clérigos entre sus antepasados, pero desde muy joven Cunningham decidió que lo suyo era el mar, no los púlpitos y a los 10 años entró ya en la Escuela Naval de Edimburgo, especializada en preparar pupilos para el examen de acceso del Britannia Royal Naval College, en Dartmouth y en 1898 ya se había graduado. Pasó por el buque escuela Britannia como todos los guardiamarinas y al estallar la Primera Guerra Mundial ya mandaba el destructor HMS Scorpion en el que hizo toda la guerra ganando su primera condecoración. Es interesante que durante el periodo de entreguerras, Cunningham participó en varias operaciones militares contra los bolcheviques en el mar Báltico. En 1929, poco después de su boda con Nona Vyatt, le fue concedido el mando de su primer gran buque, el acorazado *HMS Rodney* y poco después fue ascendido de nuevo y puesto al mando de la base de la Royal Navy en Chatham. En 1936 se le dio el mando de un escuadrón de cruceros, embarcando en el *HMS Hood* como buque insignia. Honores y ascensos acompañaron su trabajo en la Armada donde era considerado uno de los mejores, si no el mejor de los mandos de la Royal Navy y en julio de 1939 recibió lo que para él fue el mejor premio a su carrera, el mando de la Flota del Mediterráneo, con el acorazado *HMS Warspite* como buque insignia. Cuando estalló la guerra en septiembre, Cunningham mantuvo la tesis de que la marina italiana iba a ser el peligro en el Mediterráneo aunque no entró en guerra hasta junio de 1940, pero con buen criterio mantuvo la preparación y la fortaleza de la flota del Mediterráneo a la espera de que la Regia Marina se convirtiera en su enemigo, como así fue. Al margen, o paralelamente a la preparación de la Flota, Cunningham tuvo que solventar el arduo problema de la flota francesa en Alejandría que, al inicio de la guerra era su aliada, pero en junio de 1940, tras la capitulación francesa y el establecimiento del régimen de Vichy se convirtió en neutral y más cercana a Alemania. Su negociación con el comandante de la flota francesa, René-Emile Godfroy, para evitar que zarparan de Alejandría con el peligro de unirse a los italianos o a los alemanes fue una obra de arte en la que Cunningham mostró sus grandes dotes y los franceses su sentido común y su patriotismo. Cunningham realizó a partir de ese momento una gran labor que convirtió a la Royal Navy en la dueña del Mediterráneo, primero con la acción de Tarento y posteriormente con las del cabo Matapán y la de Creta. Fue precisamente en Creta donde Cunningham y la Royal Navy se ganaron para siempre el agradecimiento del Ejército* pues con el sacrificio de tres cruceros, seis destructores y otros quince barcos dañados logró sacar de la isla a 16.500 soldados de los 22.000 de su guarnición que de otro modo hubieran muerto o habría sido hechos prisioneros por los alemanes.

Finalizada la guerra, el almirante de la Flota Andrew Browne Cunningham, Primer Vizconde Cunningham de Hyndhope fue el encargado, contra su voluntad, de reorganizar la Royal Navy con la reducción de presupuesto tras el fin de las hostilidades y en mayo de 1946 se retiró definitivamente para una plácida vida en el campo,

---

* En una situación semejante, el almirante norteamericano Fletcher dejó a sus marines a merced del Ejército japonés en la isla de Wake a fin de salvaguardar su flota.

pero no dejó de escribir y dar conferencias e incluso aceptó el cargo de Rector de la Universidad de Edimburgo. Falleció en Londres el 12 de junio de 1963.

La batalla del cabo Matapán

A finales de marzo de1941, la Royal Navy contaba con un arma básica no sólo en la batalla del Mediterráneo, sino en toda la guerra en su conjunto. Ese arma era la máquina conocida como Ultra, un ingenio que trabajaba en el descifrado de los códigos Enigma usados por los alemanes y sus aliados italianos. Fue en base a la información descifrada por Ultra como el almirante Andrew Cunningham conoció de la salida de una flotilla italiana del puerto de Tarento compuesta por el acorazado *Vittorio Veneto* y cuatro destructores al mando del almirante Angelo Iachino, comandante de la flota italiana. El destino de esa flotilla era el estrecho de Messina donde se unió a dos de sus cuatro divisiones de cruceros que incluía los cruceros pesados *Pola, Zara* y *Fiume,* mandados por el almirante Carlo Cattaneo, y los cruceros pesados *Trieste, Trento* y *Bolzano* del vicealmirante Luigi Sansonetti, más los cruceros ligeros *Garibaldi* y *Abruzzi* y 17 destructores. El objetivo de esa flota era localizar a la flota británica que al sur de Creta interceptaba las comunicaciones del Afrika Korps en Libia desmantelando sus líneas de suministro y se basaba en una información errónea del servicio secreto alemán según la cual el almirante Cunningham sólo contaba con un acorazado y ningún apoyo aéreo, un error que le costaría caro a los italianos. En realidad la flota británica contaba con el portaviones *HMS Formidable*, y los acorazados *HMS Barham, HMS Valiant y HMS Warspite* más dos flotillas de destructores y se les unió una segunda fuerza al mando del vicealmirante Pridham-Wippell formada por los cruceros ligeros *HMS Ajax, HMS Gloucester* y *HMS Orion*, el crucero ligero australiano *HMAS Perth* y tres destructores más el *HMAS Vendetta*, también australiano que regresaba de una reparación en Alejandría. De hecho, al grupo formado por los buques australianos y los cruceros ligeros británicos los alemanes le llamaban la «flotilla chatarra» debido a su antigüedad y a los fallos permanentes de sus motores o sus sistemas de tiro. Con estos datos, el almirante Iachino confiaba en sorprender a la flota británica hasta que se dio cuenta que Cunningham estaba al tanto de sus movimientos. Para ocultar el hecho de que la Royal Navy descifraba los mensajes basados en el código Enigma, los británicos hicieron volar a un hidroavión sobre la flota italiana para justificar que les habían descubierto por casualidad. Fue el 27 de marzo cuando zarpó del puerto del Pireo la flotilla del vicealmirante Pridham-Wippell, y el almirante Cunningham lo hizo desde Alejandría con sus buques ese mismo día. Para mantener el engaño, Cunningham se dejó ver en un coctel en El Cairo de donde salió clandestinamente para embarcarse en su que insignia, el *HMS Warspite*. El resultado fue que a las 7'55 del día 28 el grupo del almirante Luigi Sansonetti se topó para su sorpresa con la flotilla británica que había zarpado del Pireo. Hubo un cañoneo sin consecuencias y ambas formaciones se separaron, los italianos para unirse al *Vittorio Veneto* y los británicos para perseguirles. Cuando los buques de Pridham-Wippell se pusieron a tiro del *Vittorio Veneto* éste abrió fuego sobre ellos pero al momento aparecieron los aviones torpederos Fairey Albacore lanzados desde el portaviones *HMS Formidable*. El acorazado italiano pudo sortear las bombas y de inmediato se dirigió a Tarento para buscar la protección de sus aviones, pero no pudo evitar que en una segunda oleada un Albacore colocara un torpedo que le provocó una gran vía de agua. A las 19'36 y a las 19'50 dos nuevas oleadas de aviones torpederos provenientes de la base en la isla de Creta y del portaviones *Formidable* alcanzaron gravemente al crucero *Pola*. Pero lo peor para los italianos llegó durante anoche cuando no se esperaban que hubiera movimiento por parte de los británicos. Pasaban unos minutos de las diez de la noche cuando la escuadra británica detectó por sus radares a los italianos. Esa fue la clave del éxito de Cunningham: el radar. Los italianos carecían de radar y luchaban todavía utilizando simplemente la localización a la vista por lo que durante la noche confiaban en que nada iba a suceder. Cuando quisieron darse cuenta los acorazados británicos *Barham, Valiant y Warspite* estaban a poco más de tres kilómetros y abrieron fuego alcanzando y hundiendo a los cruceros pesados italianos, *Fiume* y *Zara*. Apenas unos minutos después eran alcanzados y hundidos dos destructores y dos más debían huir, alcanzados por los cañones británicos. El *Polo*, muy dañado, fue remolcado por los británicos hasta Alejandría donde acabaron de torpedearlo y hundirlo después de que la tripulación lo abandonara. Durante toda la operación, que expulsó finalmente a la flota italiana del Mediterráneo Oriental, el almirante Angelo Iachino y sus subordinados no salían de su sorpresa en parte por el desconocimiento de la importancia de la flota a la que se enfrentaban y en parte por la capacidad de detección de los buques británicos que no era sino la utilización del radar. A la pérdida de los buques, la marina italiana tuvo que añadir la de 2303 marineros y oficiales. La actuación del almirante Iachino fue muy criticada aunque no se llegó a sustituirle en el mando como pedían algunas voces en Italia.

Angelo Iachino era natural de San Remo, donde nació en 1889 e ingresó en la Academia Naval de Livorno en 1904 donde se graduó en 1907. Antes de la Primera Guerra Mundial sirvió en Libia y al estallar el conflicto fue nombrado como comandante de un torpedero y condecorado en varias ocasiones. De 1923 a 1928 estuvo destacado en Tianjin, China, como agregado naval de la Embajada italiana y posteriormente se le dio el mando de varios buques. Participó en la Guerra Civil española y en la ocupación de Albania en 1939. Ascendido a almirante de Squadra combatió en la batalla del cabo Spartivento y en diciembre de 1940 se le dio el mando de la fuerza principal de la Marina italiana en el Mediterráneo Oriental. Tras el desastre de Matapán aún dirigió los combates navales de Sirte y la operación contra los suministros a la isla de Malta hasta que fue relevado en 1943. Desde entonces hasta el final de la guerra permaneció en el anonimato hasta su retiro en 1954. Murió en Roma en 1976.

De la Penne y los hombres-torpedo

La noche del 19 de diciembre de 1941 la luna sobre Alejandría estaba en su cuarto menguante, pero las medidas habituales de protección de la flota británica mantenían en total oscuridad los buques y las instalaciones del puerto. La luz de la luna no era lo ideal para una operación de comando, pero la oscuridad total tampoco hubiera sido práctica para el equipo de «torpedos-humanos» italianos dirigidos por el teniente Luigi Duran de la Penne. Unas horas antes, el submarino *Scirè* al mando del comandante Junio Valerio Borghese,

Con Estados Unidos en la contienda, la capacidad de la marina aliada
en el Atlántico y el Mediterráneo empezó poco a poco desequilibrar
la balanza en su favor.

había conseguido sortear los obstáculos del puerto de Alejandría y
en plena oscuridad los marinos habían descargado los tres «maiale»
conocidos como torpedos humanos o Siluri de Lenta Corsa. El *maiale*, invento del ingeniero naval Raffaele Rossetti y el capitán médico
Raffaele Paolucci, no era otra cosa que un torpedo alemán modificado cargado de explosivos y con una plataforma apta para transportar
dos tripulantes, submarinistas. El funcionamiento consistía en acercarse sumergido a flor de agua hasta el buque tomado como objetivo,
allí sus tripulantes adosaban los explosivos al casco del buque y se
alejaban después de vuelta al submarino nodriza donde, a distancia,
hacían explosionar las cargas de gran potencia.

Aquella noche tres equipos *maiale* colocaron sus cargas, los oficiales Marceglia y Schergat en el *HMS Queen Elizabeth*, De la Penne
y Bianchi en el *HMS Valliant* y Martellotta y Marin que debían atacar el portaviones *HMS Eagle* lo hicieron al petrolero *Sagona*, dado
que el portaviones no estaba en el puerto. Todo parecía ir bien, pero
cuando intentaban regresar, el equipo compuesto por el teniente De

la Penne y el suboficial Bianchi fue descubierto por la vigilancia del *Valliant*. Imposibilitados de escapar con vida, los dos hombres se rindieron y fueron izados a bordo del buque donde fueron sometidos a un interrogatorio sobre sus actividades. Lo que al principio parecía una operación de espionaje a ojos de los británicos, poco a poco se fue mostrando como algo más peligroso y finalmente De la Penne advirtió al capitán del *Valliant*, Charles Morgan, que había colocado cargas explosivas en el costado del buque. Su aviso dio tiempo a evacuar la nave cuando ya habían estallado las cargas del *Queen Elizabeth* y el *Sagona*, aunque De la Penne no dijo dónde las había colocado. Dada la escasa profundidad del puerto y en parte por suerte, ninguno de los tres buques se dio por perdido. Se hundieron pero quedaron depositados sobre el fondo, sin escorarse, de modo que pudieron ser reflotados y recuperados aunque estuvieron más de año y medio en reparación en puertos norteamericanos a donde fueron remolcados.

Según la Convención de Ginebra, los dos prisioneros, De la Penne y Bianchi podrían haber sido fusilados, pero los británicos no lo hicieron y desde Alejandría, De la Penne fue enviado a El Cairo y luego a Palestina, de donde se fugó hasta Siria. Atrapado de nuevo fue enviado a un campo de prisioneros en la India desde donde logró fugarse por segunda vez y volvió a ser atrapado y enviado esta vez a Inglaterra donde permaneció hasta la firma del armisticio con Italia en septiembre de 1943. Tras la salida de Mussolini del Gobierno, y ya en Italia De la Penne se incorporó de nuevo al servicio y fue llamado a entrenar a comandos británicos en la técnica del hombre–torpedo y hundió por ese sistema dos buques alemanes en el puerto italiano de La Spezia.

Luigi Duran de la Penne, había nacido en Génova el 11 de febrero de 1914 y se graduó como Capitán Marítimo en el Instituto Náutico San Giorgio de Génova y en la Escuela Naval de Livorno, incorporándose a la Marina de Guerra en 1935 como buceador. Ascendido a teniente de navío participó en las operaciones contra la flota británica en Gibraltar donde se dañaron más de setenta buques por el método del hombre–torpedo. Se da la circunstancia de que, al final de la guerra, el capitán del *Valliant*, Charles Morgan, convertido ya en almirante, condecoró a De la Penne en reconocimiento por haber salvado la vida de la tripulación de su buque en la acción de Alejandría.

Retirado del servicio al finalizar la guerra, Luigi Durand de la Penne fue agregado naval en la Embajada en Brasil y posteriormente diputado al Parlamento de Italia durante cinco legislaturas, primero por la Democracia Cristiana y luego por el Partido Liberal y murió en Génova el 17 de enero de 1992.

4.2. El Eje a la defensiva

La Francia neutral

Como sucedería en Extremo Oriente, el caso de la flota francesa se vio trastocado por el hecho de que Francia fue derrotada y ocupada en 1940 por los alemanes y tuvo que firmar un armisticio por el que pasaba a ser un país neutral, dividido en dos zonas, una de ocupación alemana con sede en París y otra teóricamente independiente con sede en Vichy. A eso hubo que añadir la existencia de la Francia Libre, ejército, marina y población de las dos zonas contrarias al régimen de Vichy y a los alemanes. Todas esas contradicciones se plasmaron en la Marina de guerra cuando en junio de 1940 se firmó el armisticio entre Alemania y la Francia de Vichy. Como se ha dicho, una parte de la flota francesa se encontraba en Alejandría, junto con la Royal Navy, su aliada hasta entonces y al almirante británico Cunningham se le planteó la tarea de neutralizar la poderosa fuerza francesa formada por el acorazado *Lorraine*, cuatro cruceros, tres destructores y un submarino. Fue gracias a la buena relación entre Cunningham y el almirante francés René-Emile Godfroy que se consiguió que todo acabara bien. El acuerdo consistió en que los marineros y oficiales de los buques franceses vaciaran de combustible sus buques y desmontaran las piezas vitales de los cañones y ametralladoras y las autoridades británicas garantizaran la repatriación de las tripulaciones. De ese modo mantenían la neutralidad ordenada por el Gobierno francés evitando así la utilización de sus buques por británicos o alemanes.

El segundo escenario del forzoso cambio de rol de Francia fue más trágico y más violento. Otra parte de la flota francesa se encontraba en el puerto argelino de Mazalquivir (Mers el-Kebir), los acorazados *Provence, Bretagne, Dunkerque* y *Strasbourg*, el portahidroaviones *Comandant Teste* y media docena de destructores, todo ello al mando del vicealmirante Marcel-Bruno Gensoul. Nada más conocerse la firma del armisticio franco-alemán, los británicos hicieron zarpar de Gibraltar la Fuerza X al mando del vicealmirante James Somerville con tres acorazados, el *Hood,* el *Valliant* y el *Resolution*; el portaviones *Ark Royal*; los cruceros ligeros *Enterprise* y *Arethusa*, dos submarinos y dos flotillas de destructores con un total de once. La sintonía entre Somerville y Gensoul no era la misma que entre Cunningham y Godfroy y mucho menos con el capitán del *Ark Royal*, Cedric Holland en quien Somerville delegó la negociación. En lugar de establecer una buena relación, por difícil que fuera, entre aliados hasta unas semanas antes, los británicos entregaron un ultimátum en el que establecían las posibilidades para la flota de Gensoul:

1. Unirse a la flota británica y a las unidades de la «Francia libre».
2. Zarpar bajo supervisión británica a las Antillas francesas o a los Estados Unidos para desarmar los buques.
3. Hundir los buques.
4. Desarmar los barcos y repatriar después a las tripulaciones (la solución de Alejandría).
5. Ser atacados por la escuadra británica.

Más que las ofertas, lo que los franceses rechazaron probablemente fueron las formas y así lo hizo el vicealmirante Gensoul de acuerdo con los contraalmirantes a sus órdenes.

Aunque los franceses rechazaron el ultimatum, Somerville relajó un poco su postura y aceptó seguir negociando, pero todo se precipitó por una serie de malentendidos y sobre todo por un mensaje enviado desde el despacho del almirante Darlan, comandante de la flota francesa, donde anunciaba que buques franceses salidos de la base de Toulon se dirigían hacia Mazalquivir para reforzar a Gensoul. Aunque éste ya había aceptado, al menos así lo había anunciado, que haría lo mismo que la flota en Alejandría, es decir inutilizar sus barcos y abandonarlos, los británicos consideraron que no podía correr el riesgo de que Gensoul recibiera refuerzos y se negara a aceptar sus condiciones. Así pues Somerville, siguiendo las órdenes de Londres, dio orden de atacar a los franceses. Eran las 17'56 de la tarde del 3 de julio de 1940. El *HMS Hood* primero y el *HMS Valliant* y *HMS Resolution* después abrieron fuego contra la flota francesa. Los buques franceses no estaban desplegados para un combate, sus baterías apuntaban hacia tierra y varios obstáculos les impedían situar a los buques británicos, así que en pocos minutos tres de los grandes buques franceses estaba fuera de combate, el acorazado *Provence,* el *Bretagne* que se hundió tras estallar su santabárbara, el *Dunkerque* y el destructor *Mogador*. Sólo el acorazado *Strasbourg* consiguió salir del puerto, huir y refugiarse en Toulon. De los buques franceses amarrados en Mazalquivir únicamente el portaviones *Commandant Teste* salió indemne por pura casualidad y poco después de las 18 horas Somerville ordenó el alto el fuego ante la evidencia de que los franceses habían dejado de responder al ataque. Aunque todavía no estaba

El *HMS Hood* participó en la batalla de Mers el-Kebir, hundiendo junto con otras unidades británicas varios navíos franceses ahí anclados, entre ellos los acorazados *FNS Provence,* *FNS Bretagne* y *FNS Strasbourg.*

todo claro, el día siguiente, 4 de julio, la flota británica zarpó hacia Gibraltar ante la imposibilidad de efectuar un nuevo ataque a causa del mal tiempo. La razón de prever un nuevo ataque era la creencia de que el Dunkerque estaba todavía en condiciones de combatir, algo que no se sabía con certeza por lo que el primer ministro Churchill en persona ordenó un nuevo ataque el día 6, esta vez a cargo del portaviones *Ark Royal* cuyos aviones Swordfish remataron al crucero *Dunkerque*.

El resultado final de la batalla fue la eliminación del peligro que suponía la flota francesa de Mazalquivir con un alto coste para los franceses, 1300 marineros y oficiales muertos o heridos. Por parte británica sólo tuvieron que lamentar dos bajas y cinco aviones perdidos. En ningún momento las baterías francesas, de los buques o de la costa, pudieron acertar a los buques británicos.

Para la Royal Navy, el *Dunkerque* era un peligro potencial pues se trataba de un moderno acorazado, botado en 1935, capaz de desarrollar 31 nudos con sus cuatro turbinas Parsons. Tenía 214 metros de eslora, un desplazamiento a plena carga de 36.000 toneladas y un armamento de 8 cañones de 330 milímetros, 16 de 130, 8 más de tiro rápido y 36 ametralladoras. Calificado de crucero de batalla en un principio, se consideró un acorazado dada su evolución en combate demostrado en el enfrentamiento con el *Graf Spee* alemán y los cruceros pesados alemanes *Scharnhorst* y *Gneisenau*. Tras el ataque de los aviones Swordfish del *Ark Royal* se abrió una gran vía de agua que llevó a tocar fondo por lo que se le dio por perdido, pero se le logró reflotar en secreto y en febrero de 1942 consiguió llegar al puerto de Toulon para continuar las reparaciones en su dique seco, pero en noviembre de ese mismo año, cuando los alemanes intentaron ocupar el puerto y apoderarse de la flota francesa, el *Dunkerque* fue barrenado, como la mayoría de los buques franceses y se hundió definitivamente.

Toulon, el suicidio de una flota

En la madrugada del día 27 de noviembre de 1942 el capitán Jean L'Herminier, comandante del submarino *Casablanca Q183,* amarrado en el puerto de Toulon, dio la orden de zarpar, algo que la tripulación esperaba desde días atrás, cuando su capitán les había expuesto su intención de unirse a las fuerzas de la Francia Libre a la menor oportunidad. La oportunidad, o la necesidad, se había presentado aquella misma noche cuando zapadores alemanes procedieron a cortar los cables de comunicaciones de Toulon, de su puerto y de las unidades militares francesas que lo custodiaban. Toulon estaba nominalmente bajo el gobierno de Vichy del mariscal Pétain pero tras el desembarco aliado en el norte de África, Hitler había decidido romper el acuerdo de neutralidad con el Gobierno y ocupar el resto de Francia. En especial, los alemanes pretendían apoderarse de la flota francesa surta en el puerto de Toulon y para ello la Wehrmacht orquestó la «Operación Lila», llevada a cabo por el Ier. Cuerpo de las SS del general Johannes Blaskowitz con parte de la 7ª División SS Panzer y la 2ª División SS Panzer «Das Reich». La más importante base naval francesa en el Mediterráneo, Toulon, albergaba en ese otoño de 1942 la mayor parte de su flota tras lo acaecido en los puertos de Alejandría y Mazalquivir. En Toulon había aproximadamente 170 buques, entre ellos los acorazados *Strasbourg, Dunkerque* y *Provenze,* los cruceros *Dupleix, Foch, Algèrie, Colbert, Marseillaise, Jean de Vienne* y *La Galissonnière,* 18 destructores, 21 submarinos, 8 cañoneros, el portahidroaviones *Commandant Teste,* 13 corbetas y unos cuarenta navíos menores. El comandante L'Herminier había obrado con total astucia desde que, tras la firma de la rendición de Francia en junio de 1940, el submarino que mandaba había sido dado de baja y recibiera la orden de desplazarse hasta el puerto de Toulon donde sería desmontado. El *Casablanca* era uno de los mejores submarinos de la Armada francesa, botado en febrero de 1935, equipado con dos motores diesel y dos eléctricos y armado con once tubos lanzatorpedos. Una vez amarrado en Toulon, el submarino fue despojado de su equipo de inmersión, de su sistema de radio y de su control de armamentos.... en teoría porque de alguna manera L'Herminier consiguió ir saboteando las órdenes y con la ayuda de sus tripulantes, mantener el submarino armado y

Fotografía aérea de la flota francesa hundida
en Toulon en noviembre de 1942.

operativo. Aquella noche, cuando ya los soldados de las SS intentaban apoderarse del puerto y de los barcos anclados y amarrados en él, el *Casablanca* se lanzó a toda máquina hacia la salida dispuesto a huir de los alemanes. Localizado, se inició un tiroteo con los asaltantes pero finalmente el submarino consiguió hacerse a la mar y abandonar Toulon. El diario de a bordo del capitán dejó constancia detallada de sus movimientos, desde la alarma a las 5'05 de la mañana hasta la negativa del remolcador que controlaba la red de entrada y salida del puerto para dar paso al submarino y las explosiones provocadas de varias minas.

L'Herminier conocía ya la intención de las autoridades de barrenar y hundir la flota antes de que cayera en manos de ninguno de los contendientes. De hecho, el mariscal Pétain, jefe del Gobierno, había dado la orden de hundir la flota, mientras el comandante en

Jefe de la armada, el almirante François Darlan, recomendaba unirse a los aliados. En esa tesitura, los comandantes de las naves decidieron seguir las instrucciones de Pétain en parte por seguir lo establecido por la neutralidad, pero también por el hecho de que los alemanes controlaban ya el puerto, habían minado la salida y ya no era posible unirse a los británicos. A las 5'40 de la mañana del 27, fuerzas de las Waffen SS entraron a sangre y fuego en el puerto donde se encontraron con la inesperada resistencia de la marinería y los voluntarios del Gobierno de Vichy (teóricamente afines a Alemania). La confusión de la respuesta francesa tiene la explicación por las disensiones en el seno del mando francés entre los partidarios de defender la neutralidad, los partidarios de los aliados y los recalcitrantes filo-nazis, pero el caso es que el general Jean Laborde, jefe de seguridad del puerto, obedeció literalmente la orden dada por el Gobierno, retiró a los soldados franceses de la defensa del puerto pero no a los marineros y voluntarios que ofrecieron una feroz resistencia mientras se ponían a punto las cargas en todos los buques. Al amanecer, poco después de las 6'30 de la mañana, se inició el rosario de explosiones que acabó con la flota francesa. El *Strasbourg, el Provence, Colbert, Dunkerque, Algerie, Foch* y *Dupleix* quedaron fuertemente dañados cuando no hundidos. Sólo cinco destructores pudieron ser ocupados y utilizados por los alemanes y cinco submarinos, entre ellos el *Casablanca*, pudieron salir del puerto. Tres de ellos, el *Casablanca*, el *Marsouin* y el *Glorieux* se unieron a los aliados, uno, el *Venus*, se hundió a causa de las averías sufridas y otro, el *Iris*, se refugió en el puerto de Barcelona donde sus tripulantes permanecieron hasta el fin de la guerra. De todos ellos, el *Casablanca* fue el que tuvo posteriormente una destacada actuación.

El capitán Jean L'Herminier era un marino con un largo historial. Nacido en La Martinica en 1902, había entrado en la Academia Naval en 1921. Se embarcó por primera vez en el acorazado *Provence*, en 1924 y pasó luego al crucero *Jules Michelet* y en 1928 se especializó en la guerra submarina. Al estallar la guerra era ya comandante del submarino *Le Morse*. En enero de 1942 se le dio el mando del *Casablanca* y con él pudo llegar a Argel tras su huida del puerto de Toulon. Durante el resto de la guerra, al mando del

Casablanca, tomó parte en multitud de operaciones en el Mediterráneo, principalmente en operaciones especiales de movimiento de comandos y de suministro en especial en las operaciones en la isla de Córcega y su submarino fue el primer buque francés en entrar en el puerto de Ajaccio, la capital de la isla. Ascendido a capitán de navío en diciembre de 1945, una grave enfermedad le retiró del servicio y falleció en junio de 1953.

5

El Océano Atlántico

5.1. El fin de los grandes acorazados

Langsdorff, el último caballero del mar

«Excelencia: Después de haber luchado largo tiempo, he tomado la grave decisión de hundir el acorazado *Admiral Graf Spee* a fin de que no caiga en manos del enemigo. Estoy convencido de que, en estas circunstancias, no me quedaba otra resolución que tomar después de haber conducido mi buque a la «trampa» de Montevideo. En efecto, toda tentativa para abrir un camino hacia alta mar estaba condenada al fracaso a causa de las pocas municiones que me quedaban. Una vez agotadas esas municiones, sólo en aguas profundas podía hundir el buque a fin de impedir que el enemigo se apoderara de él. Antes de exponer mi navío a caer parcial o totalmente en manos del enemigo, después de haberse batido bravamente, he decidido no combatir, sino destruir su material y hundirlo... Desde un principio he aceptado sufrir las consecuencias que implicaba mi resolución. Para un comandante que tiene sentido del honor, se sobreentiende que su suerte personal no puede separarse de la de su navío... Ya no podré participar activamente en la lucha que libra actualmente mi país. Sólo puedo probar con mi muerte que los marinos del Tercer Reich están dispuestos a sacrificar su vida por el honor de su bandera. A mí sólo me corresponde la responsabilidad del hundimiento del acorazado *Admiral Graf Spee*. Soy feliz al pagar con mi vida cualquier reproche que pudiera formularse contra el honor de nuestra Marina. Me enfrento con mi destino conservando mi fe intacta en la causa y el porvenir de mi Patria y de mi Führer. Dirijo esta carta a Vuestra Excelencia en la calma de la tarde, después de haber reflexionado tranquilamente, para que usted pueda informar a mis superiores y, si es necesario, desmentir los rumores públicos. Capitán de navío Langsdorff, comandante del acorazado *Admiral Graf Spee*».

Esta era la carta que el capitán de navío Hans Langsdorff, comandante del acorazado de bolsillo *Graf Spee* escribió para el embajador alemán en Argentina poco antes de envolverse en la bandera de combate de la Kriegsmarine, la marina de guerra alemana y dispararse un tiro en la cabeza con su pistola reglamentaria. Era el 20 de diciembre 1939 y el lugar era el Hotel Naval de Buenos Aires donde el comandante se había instalado después de asegurarse que la tripulación de su buque estaba a salvo. Langsdorff había echado a pique su acorazado, de los llamados de bolsillo (o crucero pesado), un buque pensado y armado para su función de corsario, de 16.000 toneladas, 186 metros de eslora, armado con seis cañones de 280 milímetros, ocho de 150, 24 antiaéreos de varios calibres y ocho tubos lanzatorpedos.

Todo había empezado en agosto de 1939 cuando Langsdorff recibió la orden de conducir el *Graf Spee* en total secreto al Atlántico Sur, en previsión del estallido de la guerra, para situarse en las líneas de aprovisionamiento de la Gran Bretaña. El sobre de órdenes secretas le ordenaba atacar y destruir «cuantos cargueros británicos pueda encontrar atravesando las aguas del Atlántico Sur y eludiendo a los barcos de guerra enemigos». El 1 de septiembre, en aguas de las islas Canarias, el *Graf Spee* se reabasteció con su barco de suministro, el petrolero *Altmark*, y el capitán ordenó deshacerse de todo el material superfluo de su nave, desde artículos personales de los tripulantes hasta los botes salvavidas. Aunque el Reino Unido declaró la guerra a Alemania el día 3 de septiembre no fue hasta el 26 que Langsdorff recibió la orden de empezar a operar y en dos meses y medio, el *Graf Spee* había hundido más de 50.000 toneladas de buques de carga. En esas primeras acciones, Langsdorff se comportó como un caballero, lejos de la violencia y la crueldad que más tarde mostrarían los dirigentes nazis al tiempo que iban tomando el mando de la guerra. Langsdorff ordenaba a las tripulaciones abandonar los mercantes antes de torpedearlos, recogía a los náufragos cuando eso no suponía

El *Admiral Graf Spee* fue la nave más conocida de la II GM, tras el *Bismarck*, gracias a su épica batalla y trágico final. Al mando del capitán de navío Hans Langsdorff, esta nave conseguiría un enorme éxito en su campaña corsaria al hundir 8 buques británicos entre el Atlántico sur y el Índico con un total de 50.000 toneladas.

un peligro para su buque y emitía señales de socorro a los puertos cercanos para que se recogiera a los que dejaba en los botes en alta mar.

Desde el primer momento, el *Graf Spee* estuvo en el punto de mira de la Royal Navy pues tan temprano como el 11 de septiembre, un hidroavión del crucero *HMS Cumberland* lo localizó cuando trasegaba equipos al *Altmark*. A partir de ahí se desarrolló una operación de gato y ratón que fue acumulando buques británicos y franceses en busca y captura del *Graf Spee*, sobre todo tras conocer el hundimiento del *Clement*, el primer carguero alcanzado y hundido por sus cañones. El día 5 de octubre, británicos y franceses formaron ocho grupos de combate para tratar de localizar al corsario. Los principales buques movilizados fueron los portaviones británicos *HMS Hermes, HMS Eagle, HSM Ark Royal* y el francés *Béarn*, el crucero de batalla *Renown*, los acorazados franceses *Dunkerque* y *Strasbourg* y otros dieciséis cruceros, más la llamada Fuerza G del comodoro Henry Harwood, ya situada en la costa Atlántica de Sudamérica, con los cruceros *Cumberland* y *Exeter*, reforzados con el *Ajax* y el *Achilles*. El 22 de octubre, después de hundir el carguero *Trevanion*, Langsdorff decidió abandonar las costas de Brasil y poner aguas por medio ante el acoso de los británicos. El *Graf Spee* se dirigió entonces hacia Madagascar ya entonces con una urgente necesidad de revisar sus máquinas muy desgastadas por más de 30.000 millas de navegación sin detenerse. Una de las estratagemas de Langsdorff para confundir a los británicos fue la de construir torretas y mamparos falsos que desdibujaban la silueta del buque con lo que sus perseguidores no sabían a ciencia cierta si era uno o varios buques a los que perseguían. El principio del fin para el corsario alemán llegó cuando el carguero *Doric Star* consiguió radiar su posición antes de que fuera hundido y el comodoro Harwood adivinó que el *Graf Spee* se dirigiría al Río de la Plata. Ya a la vista del puerto de Montevideo, al amanecer del día 13 de diciembre de 1939, tres cruceros británicos, el *Exeter,* el *Ajax* y el *Achilles* se presentaron de repente como saliendo de la nada. El *Graf Spee* muy bien armado y dirigido dañó considerablemente a los tres británicos pero Langsdorff no tuvo más remedio que entrar en el puerto de Montevideo. De acuerdo con el estatus de neutralidad y no beligerancia, el gobierno de Uruguay dio un plazo de 72 horas al buque alemán para aprovisionarse en el puerto* y realizar reparaciones pero debía abandonarlo como máximo el día 17. Por una vez británicos y alemanes estaban de acuerdo en que el *Graf Spee* permaneciera en Montevideo hasta el final de la guerra, pero las autoridades uruguayas no cedieron y mantuvieron la fecha de salida del buque. La decisión del capitán Hans Langsdorff de hundir su propio buque la tomó, como él mismo expresó en la carta al Embajador, porque el *Graf Spee* carecía ya de munición para enfrentarse a los británicos y de combustible que le permitiera huir de Montevideo. A las 19'56 del día 17 de diciembre, varias explosiones echaron a pique el *Graf Spee* después de que su capitán hiciera evacuar a toda la tripulación. El corresponsal de United Press relataba así lo sucedido: «Habría transcurrido una hora, desde la puesta del sol cuando tuvo lugar la primera explosión. El fuego se propagó inmediatamente de proa a popa y el cielo se cubrió de humo. A la primera sucedieron una serie de pequeñas explosiones y el barco comenzó a hundirse, a la vista de miles de espectadores que desde la orilla contemplaban el incendio».

Hans Langsdorff tenía 45 años en el momento de su muerte. Había nacido en la isla de Rügen en la costa del Báltico en 1894 en el

---

* Naturalmente sólo podía hacerlo de alimentos o medicinas, nunca de munición o combustible.

seno de una familia muy religiosa sin ningún antecedente marino. No obstante algo sucedió en la vida del joven Hans cuando en 1898 su familia se trasladó a vivir a Düsseldorf cerca de la casa familiar de un mito de la marina alemana, el conde Graf Maximilian Spee, que moriría en 1914 en el combate de las Malvinas de la Primera Guerra Mundial. Contra el deseo de sus padres, Hans Langsdorff entró en la Academia Naval de Kiel en 1912 y cuatro años después, en 1916, recibió su primera condecoración ganada en la batalla de Jutlandia. En 1923 conoció a la que sería su esposa, Ruth Hager, con la que se casó un año después. Ejerció varios cargos burocráticos en la Marina hasta que en 1927 recibió el mando de una flotilla de torpederas. Entre 1936 y 1937, embarcado en el *Admiral Graf Spee* como primer oficial, participó en la ayuda a los sublevados en España y a primeros de noviembre se le dio el mando del buque. La batalla del Río de la Plata, que supuso el final del *Graf Spee* y del capitán Hans Langsdorff, se considera la última batalla naval sin participación de aviones.

Tres hombres con suerte

En febrero de 1941, el marinero Albert Edward Pryke Briggs, conocido como Ted, observó desde su puesto, formado en cubierta, la toma de posesión del nuevo capitán de su buque, el *HSM Hood*, un crucero de batalla un tanto decrépito y que a juicio de Briggs estaba necesitando un buen repaso. El nuevo capitán, Ralph Kerr, provenía del *HMS Broke*, un destructor encargado de la escolta de los convoyes de aprovisionamiento que llegaban por el atlántico norte y tenía un largo historial en la Royal Navy. Por su parte, Ted Briggs estaba destinado en el Hood desde el 26 de julio de 1939, dos meses antes de estallar la guerra, después de su periodo de instrucción en el *HMS Ganges*. Su trabajo era el de mensajero de enlace en el puente de compás, o de brújula, con el puente de mando en un buque que desde su infancia había sido su inspiración y cuya visión le había hecho decidir que su futuro estaba en la Royal Navy. Nada más estallar la guerra, el *Hood* había sido asignado a la Flota del Mediterráneo donde participó en la batalla de Mazalquivir contra sus antiguos aliados franceses, pero en mayo, el buque estaba de vuelta en su base de Scapa Flow donde se unió al *HMS Prince of Wales*. Fue el día 23 de mayo cuando Briggs se encontró en su puesto de combate con el barco trepidando con la puesta en marcha de sus motores y la orden de zarpar expresada de un modo que a Briggs le pareció apresurado. En el buque había embarcado también el almirante Lancelot Ernest Holland que mandaba un agrupación que constaba de dos cruceros, el *Hood* y el *Prince of Wales* y cuatro destructores y la agrupación zarpó a toda prisa de Scapa Flow con la orden de interceptar a la salida del Estrecho de Dinamarca a una formación alemana compuesta por el crucero *Prinz Eugen* y el acorazado *Bismarck*. Claro que lógicamente Briggs ignoraba esas órdenes pero intuía que tanta prisa debía ser por alguna razón importante. A las 5'30 de la mañana del día siguiente, la formación mandada por Holland avistó a los buques alemanes a una distancia de 22 kilómetros. Nada más localizar a los alemanes, el *Hood* abrió fuego contra ellos con el resultado de que tanto el *Bismarck* como el *Prinz Eugen* respondieron inmediatamente. Se dice que la decisión de Holland de disparar a esa distancia fue un error porque eso implicaba que los proyectiles disparados desde el Bismarck caían casi verticalmente sobre el *Hood* cuyo blindaje de cubierta era muy débil. De haber estado más cerca, los proyectiles alemanes, casi horizontales, habrían impactado contra los costados o la obra viva mejor protegidos por el blindaje. El caso es que a las 5'58 Briggs sintió un impacto directo en el puente de mando contiguo y dos minutos después un segundo que entraba en la cubierta hacia la parte de popa. A partir de ahí los recuerdos de Briggs eran más confusos, primero una gran bola de fuego aunque no recuerda ningún sonido y después una nube de humo que lo cubrió todo perdiendo de vista a los dos compañeros que compartían con él el puente de brújula. A pocos pasos de él, en el puente de mando, pudo ver al capitán Kerr y al almirante Hollands sentados en sus respectivas sillas de mando sin hacer el menor movimiento para abandonar el buque, absolutamente hieráticos. Nadie dio orden de abandonar el buque, no hubo tiempo. La tremenda explosión de la santabárbara de popa partió en dos al *Hood* que se hundió en menos de cinco minutos. Briggs creyó que todo había acabado para él cuando se lanzó al agua pues la tremenda succión del buque le arrastró hacia las profundidades. Llevaba puesto el chaleco salvavidas, que no hubiera sido suficiente, pero una de las enormes burbujas de aire liberadas del casco que se hundía le empujó hacia la superficie. Todavía le rondó durante horas el peligro de la hipotermia agarrado a restos del buque hasta que fue rescatado por el *HMS Electra* de las heladas aguas de Groenlandia. Con él, sólo dos hombres más se salvaron, su compañero en el puente William Dundas y el marinero Bill Tilburn.

Ted era natural de Redcar, una pequeña ciudad costera del este de Inglaterra que cuando nació Briggs, en 1923, tenía menos de 20.000 habitantes. Con sólo 15 años, Briggs se alistó en la Royal Navy seducido por la visión del HMS Hood anclado en la desembocadura del río Tess. Tras sobrevivir al desastre del Hood fue asignado a varios buques y en 1943 ascendido a maestro señalero. Al término de la guerra fue ascendido a oficial y sirvió hasta 1973 en que se licenció con honores condecorado con la Orden del Imperio Británico. Briggs murió en Portsmouth, el 4 de octubre de 2008 a la edad de 85 años siendo el último superviviente de los tres marineros que sobrevivieron al hundimiento del *Hood*. 1.415 tripulantes, incluidos el capitán Kerr y el almirante Holland no lo consiguieron.

El último oficial del Bismarck

En la mañana del día 23 de mayo de 1941, el teniente de navío Burkard von Müllenheim-Rechberg, cuarto jefe de artillería en el acorazado *Bismarck*, estaba despierto y atento a las órdenes en su puesto a popa del impresionante buque. A su cargo estaban las dos torres de cañones de 380 milímetros en la central de popa, dispuestas para operar desde su salida de Gotenhafen. Desde hacía casi un año, Müllenheim-Rechberg estaba embarcado en el *Bismarck* donde era, además de encargado de los cañones de popa, el edecán ayudante del capitán del buque, Ernst Lindemann. A las 5'55, todavía en plena oscuridad, el almirante Günther Lütjens, jefe de la flotilla que incluía únicamente al *Bismarck* y al *Prinz Eugen*, dio por fin su permiso y el capitán Lindemann ordenó disparar a sus cañones. Von Müllenheim-Rechberg ejecutó la orden de fuego de sus cuatro piezas en las dos torretas de popa. Los potentísimos cañones de 380 milímetros, una de las innovaciones de los nuevos acorazados alemanes, habían sido probados en las semanas anteriores con el resultado de un rebufo tan potente que había averiado los telémetros del acorazado por lo que la dotación y los instrumentos habían sido protegidos extraordinariamente. Su alcance efectivo era de más de 35.000 metros que sólo serían superados por los cañones del *Yamato* y el *Nagano* los dos superacorazados japoneses y en pocos minutos, sus granadas hicieron impacto en los dos buques británicos, el *Hood* y el *Prince of Wales*. El superior de Von Müllenheim-Rechberg, el jefe artillero Adalbert Schneider, ordenó una quinta andanada que concentrara el fuego de los 380 en el *HMS Hood*. Eran casi las 6 de la mañana cuando uno de los proyectiles de 380 alcanzó al crucero británico provocando la gigantesca explosión que lo hundió con casi toda su tripulación. Von Müllenheim-Rechberg no pudo saber si fueron sus disparos o los de las torretas de proa los que hundieron el *Hood*, pero el caso es que la alegría de los tripulantes, marineros y artilleros fue inmensa al ver la enorme columna de humo donde antes estaba el crucero británico.

El *Bismarck* fue botado el 14 de febrero de 1939 por la nieta del canciller Von Bismarck ante la complacida mirada de Adolf Hitler y el gobierno alemán en pleno. En el momento de su botadura el *Bismarck* se consideró el acorazado más grande del mundo.

A las 6'13, con la pérdida del *Hood* y con graves daños en el *Prince of Wales* los británicos se retiraron y los dos buques alemanes continuaron su marcha en dirección sur, pero una vez localizados, toda la Home Fleet, la flota basada en Inglaterra al mando del almirante John Tovey, se apresuró a cumplir la orden de sir Winston Churchill: «¡Hundid el *Bismarck*!». Más de treinta buques entre los que los que estaban seis acorazados y cruceros de batalla, *HMS Rodney, HMS Revenge* y *HMS Ramillies, HMS Manchester, HMS Birmingham* y *HMS Arethusa*, un portaviones y veintiún destructores fueron enviados a hundir al *Bismarck*. Siguiendo órdenes del mando alemán de la flota, el *Prinze Eugen* se separó del *Bismarck* para continuar la misión de entorpecer las líneas de suministros del norte del Atlántico mientras el *Bismarck* se dirigiría al puerto francés de Saint Nazaire para reparar una importante pérdida de combustible pero varios torpedos impactaron en el buque, uno de ellos en el timón de babor dejándolo inservible. El almirante Tove realizó varias maniobras para tratar de cerca al *Bismarck* mientras el acorazado esquivaba como podía los ataques de los Swordfish lanzados desde el portaviones *Ark Royal*. La intención del capitán Lindemann era acercarse cuanto antes al puerto de Brest desde donde podrían apoyarle los aviones de la Luftwaffe y los submarinos, pero el buque estaba herido de gravedad con el timón de babor atascado en una deriva de 12 grados y una gran vía de agua en la proa que le hacía perder combustible en gran cantidad y navegar en círculos sin que se pudiera variar el rumbo. En la tarde del día 26 de mayo, los acorazados *King George V* y *Rodney* estaban con los cruceros pesados *Dorsetshire* y *Norfolk* acosando al *Bismarck* a pesar de que otros barcos habían tenido que abandonar la persecución por falta de combustible. A las 21'40 del día 26, con el buque imposibilitado de hacer otra cosa que no fuera navegar en círculos, el capitán Lindemann envió un mensaje al Alto Mando: «Barco imposible de maniobrar. Lucharemos hasta el último proyectil. Larga vida al Führer». En plena noche y con muy escasa visibilidad, un grupo de destructores se encargó de no perder el contacto con el *Bismarck* que les lanzaba andanadas de vez en cuando. Lo que siguió en aguas del Atlántico fue un drama de dimensiones épicas, con un buque impresionante, el *Bismarck*, incapaz de desembarazarse de la persecución de la flota británica, herido de muerte y sin posibilidades de salvación. Desde su puesto de combate Müllenheim-Rechberg se dio cuenta que el buque sólo navegaba en un gran círculo, lo que le permitía su timón dañado, y aunque sus baterías y las de proa seguían disparando hacia los buques británicos, estaba claro que éstos sólo tenían que esperar pues en algún momento la munición y el combustible se terminarían. A las 5 de la mañana del día 27, el capitán del buque ordenó alistar el hidroavión de que disponía para intentar salvar el diario del buque, las fotografías tomadas del hundimiento del *Hood* y los documentos con las órdenes secretas, pero varios disparos del *Prince of Wales* impidieron la maniobra destruyendo la catapulta que debía lanzar el hidroavión y el plan de Lindemann no pudo llevarse a cabo. Más o menos a la salida del sol, el *Bismarck* ya era incapaz de moverse y su silueta fue un blanco fácil para el *HMS King George V* y el *HMS Rodney*. Algunos certeros impactos acabaron con las baterías de proa y las que mandaba Müllenheim-Rechberg, las de popa, continuaron disparando, pero poco después de las 9 un impacto de los cañones del *Rodney* alcanzó el puente de mando matando al capitán Lindemann, al almirante Lutjens y la mayor parte de oficiales al mando, entre ellos el primer oficial de artillería Adalbert Schneider. Con el control principal de fuego destruido, Von Müllenheim-Rechberg se hizo cargo del control de fuego de las torretas traseras y mantuvo el fuego hasta que un obús destruyó también su dirección de tiro. Todavía pudo efectuar algunos disparos de modo independiente, pero a las 09'31 las cuatro baterías principales habían sido inutilizadas. A las 10, el buque ardía por los cuatro costados, desde 2.700 metros de distancia, el *HMS Rodney* continuaba arrasando la superficie del *Bismarck*. En aquel momento, el mando del buque lo ostentaba el primer oficial Hans Oels, y tomó la decisión de poner a salvo la tripulación y luego volar el buque antes de que cayera en manos de los británicos. Ordenó al personal de la sala de máquinas preparar cargas para echarlo a pique, orden que siguió Gerhard Junack, oficial jefe de ingeniería, pero en medio de la confusión se confundieron las órdenes y las explosiones se produjeron antes de que los marineros pudieran abandonar el buque. Oels murió cuando una de las explosiones le alcanzó de lleno igual que a cientos de marineros que no pudieron abandonar el buque. A las 10'40 el *Bismarck* desapareció de la superficie del océano. Von Müllenheim-Rechberg fue recogido del agua por la tripulación del *HMS Dorsetshire*, pero el buque británico abandonó la recogida de náufragos cuando recibió el aviso de la proximidad de un submarino alemán.

Burkard von Müllenheim-Rechberg, el oficial de más alta graduación que sobrevivió al hundimiento del *Bismarck*, pasó el resto de la guerra en un campo de prisioneros en Ontario, Canadá. Había nacido en 1910 en Spandau, cerca de Berlín, en el seno de una familia de rancia tradición militar. Ingresó en la Armada en 1929, se especializó en artillería y como tal fue instructor en la Escuela Naval de Mürwik. A la muerte de su padre heredó el título de barón y terminada la guerra se licenció en Derecho e ingresó en el cuerpo diplomático de la República Federal de Alemania.Como diplomático estuvo destinado en Islandia y en Noruega, donde fue jefe de la sección consular de la Embajada de Alemania. Posteriormente ejerció de Cónsul general en Toronto, y de Embajador en las Indias Occidentales, Tanzania y Zaire. Se retiró del servicio diplomático en 1975 y falleció en 2003 a la edad de 92 años.

5.2. Corsarios y submarinos

U-47 *Comandante Prien*
En la noche del 13 al 14 de octubre de 1939, a poco más de un mes del estallido de la Segunda Guerra Mundial, el capitán de corbeta Gunter Prien, permanecía tranquilo, atento al menor ruido que pudiera llegar atravesando el casco del submarino. El submarino *U 47*, de 750 toneladas, 66 metros de eslora, 4'70 de manga, del tipo VII B, armado de un cañón antiaéreo de 88 mm y cinco tubos lanzatorpedos de 533 mm; podía alcanzar una velocidad máxima de 17 nudos y albergaba una tripulación de 44 hombres. Eso noche navegaba apenas a la mitad de su velocidad, sumergido a cuatro metros, ayudado por la marea que le impulsaba hacia el interior de la rada de Scapa Flow,

un fondeadero usado desde antes de que se formara el Reino Unido, un entrante irregular de 20 kilómetros de largo por 14 de ancho en la isla de Pomona, en las Orcadas. Prien, el más hábil de los capitanes de submarino alemanes debía sortear barreras metálicas, barcos hundidos y redes antisubmarinas, pero sobre todo la maldición que parecía flotar sobre la marina de guerra alemana que había visto cómo toda su flota era hundida en aquel fondeadero siguiendo lo firmado en el Tratado de Versalles. Desde el día anterior, el *U-47* había permanecido sumergido a noventa metros, fuera de Scapa Flow, esperando su momento. Ese momento llegó cuando un carguero enfiló la entrada de la rada y Prien no dudó un momento en colocarse a su popa, a profundidad de periscopio navegando por el estrecho de Kirk para entrar en la base más protegida del Reino Unido.

El almirante Eric Raeder, jefe de la flota alemana, había diseñado la operación personalmente con la intención de herir a la Royal Navy de tal manera que tuviera que dejar la base de Scapa Flow y alejar a sus barcos de las costas desde la que podían operar los buques alemanes contra las vías de suministro británicas. Días antes, un pequeño submarino de exploración, el *U 14* había comprobado la posibilidad de entrar y varios aviones de reconocimiento habían fotografiado la presencia de un portaviones, cinco acorazados y diez cruceros.

Al filo de la medianoche, ya dentro de la bahía y navegando en superficie, el comandante del *U-47* observó consternado la ausencia casi total de buques de guerra. Para entonces el Almirantazgo ya había cursado la orden de dispersar a los buques en varios puertos y en aquel momento sólo el acorazado *HMS Royal Oak* seguía en la rada sometido a algunas reparaciones. El *Royal Oak* era un navío de 31.000 toneladas, 189 metros de eslora y 27 de manga, armado con veinte cañones navales y 24 antiaéreos. El acorazado tenía una tripulación de 1208 oficiales y marineros de los que una gran parte dormía en el buque a aquellas horas. Eran las 0'58 horas del día 14 cuando el comandante Prien ordenó disparar los tres primeros torpedos contra el acorazado. Sólo uno de ellos dio en el blanco pero sin causar excesivos daños y los británicos, convencidos de que Scapa Flow era inexpugnable, lo achacaron a un accidente fortuito en un pañol sin mayores consecuencias. Un nuevo torpedo disparado por el *U-47* volvió a fallar el blanco y finalmente, después de recargar los tubos, lanzó una nueva andanada de tres que hicieron blanco. Esta vez las explosiones sí dañaron de muerte al buque. Poco después, envuelto en llamas, el *Royal Oak* se escoró a estribor y finalmente, a la 1'29 se unió con 833 marineros y oficiales a bordo. Todavía sin ser conscientes de que había sido un submarino el causante del desastre, los británicos no se percataron de la presencia del *U-47* que pudo abandonar Scapa Flow sin más incidentes.

Gunter Prien fue recibido como un héroe el día 17 de octubre en la base de Wilhelmshaven de donde había salido el día 7 para la que había sido su segunda salida como comandante de un submarino. De aquello escribió William L.Shirer, corresponsal del *Chicago Tribune** en Berlín: «El capitán Prien, comandante del submarino, llegó a nuestra conferencia de prensa por la tarde en el Ministerio de Propaganda, seguido de su tripulación, muchachos de dieciocho, diecinueve, veinte años. Prien tiene treinta, de mirada limpia, arrogante, un nazi fanático y obviamente capaz. Prien nos dijo muy poco de cómo lo hizo. Dijo que no tuvo problemas para superar la protección de la bahía. Tengo la impresión, aunque no dijo nada que lo justifique, que debía haber seguido una embarcación británica, tal vez un detector de minas, en la base. Negligencia británica que de haber sido así es algo terrible». En casi todo acertó Shirer, salvo en lo de que Prien era un nazi fanático.

La confianza de Reader en la capacidad de Prien había sido acertada y a partir de ese momento, Gunter Prien realizó otras diez patrullas en aguas del Atlántico con un total de 162.000 toneladas de buques hundidos. Fueron 238 días de patrulla hasta un aciago día de marzo de 1941.

Prien era natural de Osterfeld, en el estado alemán de Sajonia-Anhalt, nacido el 16 de enero de 1908. Su vocación de marino le hizo ingresar con solo 15 años en la Academia Naval de Hamburgo donde se graduó en náutica e ingresó en la Marina Mercante. En 1929 era

---

* Para entonces, claro está, Estados Unidos aún no había entrado en guerra y los corresponsales de prensa se movían con relativa facilidad por Europa.

ya piloto y unos años después obtuvo su diploma de capitán, pero tuvo que dejar la Marina Mercante en la época de la gran depresión. En 1931, a pesar de su titulación, se enroló como simple marinero en la Marina de Guerra. Fue embarcado en el crucero *Königsberg* y en 1935, con el grado de alférez de fragata ingresó en la Escuela de Submarinos y fue transferido a la nueva fuerza submarina recién creada, la U-Bootwaffe. Desde enero de 1937 hasta diciembre de 1938 sirvió en el submarino *U-26* a las órdenes del capitán Werner Hartmann y ese mes se le dio el mando del *U-47*. Su gran popularidad, sus conocimientos y su personalidad hicieron que el mando de la Kriegsmarine le ofreciera un puesto como instructor, pero Prien lo rechazó y prefirió seguir en su puesto. Recién ascendido a capitán de corbeta mientras navegaba al sureste de Islandia, tuvo un desafortunado encuentro con el destructor británico *HMS Wolverine*. El *U-47* resultó alcanzado por las cargas de profundidad del destructor y se hundió con toda su tripulación. Como es habitual en los casos de hundimiento de un submarino, los tripulantes fueron dados por desaparecidos. Existe la duda de si el *U-47* se había hundido a causa de las cargas de profundidad o tal vez por un torpedo propio al que le falló el sistema de guía y alcanzó al submarino. Era el 8 de marzo de 1941.

Un marino llamado Kretschmer

En la mañana del día 17 de mayo de 1941, una decena de botes salvavidas se movían a la deriva en algún punto al sureste de Islandia entre los 61° norte y 12° oeste. En aquellos botes iban 38 marineros y oficiales del submarino *U-99*, incluido su comandante, el capitán de fragata Otto Kretschmer, el más destacado de los capitanes de submarino alemanes. Apenas estaba amaneciendo y a poca distancia se recortaba la silueta del destructor *HMS Walker*

En 1939 y 1941, los «U-Boote» alemanes iniciaron un bloqueo contra Inglaterra que llevó al fondo del mar a miles de buques aliados.

cuyas cargas de profundidad habían hundido al *U-99* y también al *U-100* del comandante Joachim Schepke. En ese momento, cuando ya las primeras luces permitían ver el entorno, el comandante Kretschmer pidió a uno de los marineros del bote en el que se encontraba que «si fuera tan amable» de recoger su gorra que flotaba en el mar unos metros más lejos. Cuando otro oficial le preguntó a qué se debía una petición tan extraña, Kretschmer sólo respondió: «es necesario». Todos los náufragos fueron recogidos poco después por el *Walker* con muchas dificultades dado el estado de la mar y la frialdad de las aguas y Kretschmer, correctamente uniformado y con su gorra reglamentaria, rindió formalmente su tripulación al capitán del destructor.

La acción que había acabado con el hundimiento del *U-99* se había iniciado el día anterior cuando una formación de cinco submarinos de la que formaba parte atacó al convoy conocido como HX-112 compuesto por unos cuarenta cargueros con su correspondiente escolta formada por diez buques, cruceros y destructores. El ataque se produjo poco después de las 0 horas del día 16 pero en el primer embite sólo fue alcanzado un buque cisterna y los submarinos tuvieron que alejarse debido a la presión de los escoltas. Kretschmer tenía su propio sistema de ataque. En lugar de disparar varios torpedos desde una distancia prudencial que le mantuviera lejos de los escoltas, su técnica era meterse dentro del convoy y disparar a corta distancia «a quemarropa», o como decía él mismo «un torpedo, un buque». Eso hizo colándose en la formación del HX-112 y en menos de una hora había hundido cinco barcos sin que le detectaran. Su siguiente movimiento era parar máquinas y dejarse caer al fondo esperado que el convoy le rebasara y se alejara de él, pero cuando estaba a punto de conseguirlo se percató de que el *U-100* del comandante Schepke, había sido cazado por un destructor en el exterior de la formación.

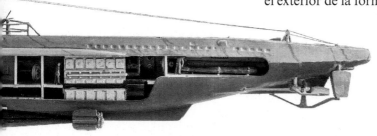

Kretschmer pudo haber huido fácilmente, pero no lo hizo, acudió en auxilio del *U-100* cuando éste ya había sido hundido y el *U-99* fue detectado por el Walker. La clave de la habilidad de Kretschmer estaba en que el sonar que incorporaban los destructores detectaba los submarinos sumergidos, no en superficie, y Kretschmer atacaba siempre de noche y en superficie, pero cuando el *HMS Walker* estuvo a punto de abordarle sin percatarse de la presencia del submarino, Kretschmer no tuvo más remedio que sumergirlo y fue entonces cuando el Walker le detectó. Alcanzado por varias cargas de profundidad, el *U-99* salió a la superficie justo a tiempo de que la tripulación lo abandonara antes de hundirse.

Kretschmer fue hecho prisionero y tuvo que pasar por la humillación de recibir los insultos y los gritos de los familiares de los marinos ingleses al llegar al puerto de Liverpool. Las autoridades navales lo trataron con todo respeto porque Kretschmer se había hecho famoso por su humanidad al tratar a los náufragos de los buques que hundía. En muchas ocasiones, cuando las circunstancias lo permitían, había dotado de mantas y suministros a los marineros naufragados a bordo de los botes y les indicaba la ruta que debían seguir para salvar sus vidas. Internado primero en el campo de prisioneros de Grizadelle Hall en Inglaterra tuvo un encontronazo con las autoridades británicas cuando formó parte de un tribunal de honor para juzgar al capitán y primer oficial de un submarino que había rendido el buque antes de entrar en combate*. Aquello irritó a los británicos que le enviaron a un campo de prisioneros en Canadá y le hicieron pasar posteriormente por un tribunal de «desnazificación». Regresó a Alemania en 1947 y en 1955 volvió a ingresar en la Marina donde hizo una carrera que le llevó primero a dirigir la fuerza anfibia de la República Federal de Alemania y posteriormente el Estado Mayor de la OTAN. Se retiró de toda actividad en 1970 y falleció en un accidente de tráfico en agosto de 1988.

---

* Según la Convención de Ginebra, los prisioneros de guerra no tienen jurisdicción para juzgar los hechos achacados a sus compañeros de armas.

Diseñada por el almirante Dönitz, gran estratega de la guerra submarina alemana, la misión de los submarinos alemanes era hundir el mayor número posible de mercantes aliados con el fin de estrangular la capacidad bélica del enemigo.

El *U-99* era un submarino de la clase VII B que incluía importantes mejoras que le convirtieron en una eficaz arma capaz de superar la guerra mundial y ser adoptado con posterioridad por las marinas de guerra de varios países. Tenía un desplazamiento 769 toneladas, una eslora de 77 metros y podía albergar una tripulación de cuarenta hombres. Iba armado con cinco tubos lanzatorpedos, un cañón de 88 milímetros y una ametralladora antiaérea. Iba impulsado por dos motores diésel y dos eléctricos que le podían dar una velocidad de 7'6 nudos sumergido y casi 18 en superficie. Después de la guerra fue adoptado por países como Noruega, España, Reino Unido y Francia.

El *U-100*, submarino al que Otto Kretschmer acudió a socorrer aquel día, estaba mandado por Joachim Schepke, quien junto con Kretschmer y Gunter Prien formaban el trío más destacado de la fuerza de submarinos alemana. Schepke, nacido en Flensburg en 1912, había hundido cerca de 156.000 toneladas de buques aliados desde que se le dio el mando del *U-3*, uno de los primeros submarinos de la clase VII. Hijo de un oficial naval, siguió la carrera paterna e ingresó en la Armada en 1930. Se le asignó después el *U-19* y tras su paso por el Estado Mayor le fue confiado el *U-100*. En el ataque al convoy HX-112 fue embestido por *HMS Vanoc* que le había hecho salir a la superficie con sus cargas de profundidad y Schepke murió en la colisión hundiéndose después con el submarino. Al contrario que Kretschmer o Prien, Schepke era un nazi militante y convencido aunque los tres habían forjado una gran amistad.

El corsario Atlantis
El capitán Robert Don Oliver de la Royal Navy acababa de cumplir dos meses de navegación por el Atlántico sur al mando del *HMS Devonshire* cuando su hidroavión Supermarine Walrus, encargado de escudriñar el océano desde el buque, localizó a un carguero que a juicio del observador del hidroavión tenía cierto parecido con un

corsario alemán detectado unos días atrás. Poco antes, Oliver había sido informado que dos submarinos alemanes se dirigían hacia aquella zona para ser abastecidos de combustible, presumiblemente por un corsario. Los llamados corsarios no eran sino mercantes alemanes armados y transformados en cruceros auxiliares que disimulaban convenientemente sus armas y su aspecto exterior utilizando incluso banderas de países neutrales para pasar desapercibidos. El localizado por el Supermarine del *Devonshire* era ni más ni menos que uno de los más destacados corsarios, el *Atlantis*, mandado por el capitán Bernhard Rogge que tenía en su haber 22 mercantes hundidos con cerca de 150.000 toneladas de registro en una misión que había iniciado en el mes de marzo. Botado en 1937 como la motonave *Goldenfels*, se le habían añadido seis cañones de 150 milímetros, uno de 75, cuatro de 37 y seis tubos lanzatorpedos. Podía alcanzar una velocidad de 17 nudos y portaba también un hidroavión del tipo Ar 196. Durante unas horas, mientras Oliver se acercaba al *Atlantis*, trataba de averiguar si realmente se trataba o no de un corsario, pero algunas maniobras sospechosas y los informes y fotografías del servicio de Inteligencia terminaron por convencerle de que estaba frente al *Atlantis*. Oliver mantuvo el *Devonshire* a una distancia de unos 11 kilómetros del supuesto corsario e hizo dos disparos de adver-

Crucero auxiliar Atlantis.

216 José Luis Caballero

tencia por la proa del *Atlantis*, lo que en situación de guerra indica claramente la orden de detener el buque. El capitán Rogge, sabiendo que si era abordado todo estaba perdido, optó por no hacer caso y seguir navegando en dirección sur-sureste tratando de alejarse. Unos cuarenta minutos después del primer contacto, el capitán del *Atlantis* hizo transmitir un mensaje en el que se identificaba como el carguero *Polifemo*, pero el capitán del Devonshire se informó de inmediato de que el auténtico buque *Polifemo* se encontraba muy lejos de allí. En ese momento ordenó disparar contra el *Atlantis*. Eran las 9'31 de la mañana y tras disparar hasta treinta salvas, a las 10'04 se produjo una gran explosión en el *Atlantis* seguida de otra minutos más tarde y hacia las 10'30 el corsario alemán se hundió con siete de sus tripulantes. El capitán del *Devonshire*, alertado de la presencia de los dos submarinos, salió inmediatamente de la zona y los náufragos del *Atlantis* fueron recogidos por los sumergibles que efectivamente se encontraba en los alrededores.

Bernhard Rogge, capitán del *Atlantis* era uno de esos oficiales de carrera marinera poco identificados con el nacionalsocialismo de la época. Nació en Schleswig y era hijo de un pastor luterano que inculcó en él una gran religiosidad. Ingresó en la Marina en 1915 sirviendo en varios buques y en el periodo de entreguerras fue comandante del buque escuela *SSS Albert Leo Schlageter*. Cuando los nazis tomaron el poder y establecieron las Leyes de Nuremberg, Rogge tuvo que presentar un certificado de «pureza de sangre» para poder continuar en la Marina*, como cientos de oficiales que tenían antepasados de religión judía. De resultas de la presión y tras el estallido de la guerra, su esposa Anneliese Frahm se suicidó el día 4 de septiembre, días antes de que Rogge fuera destinado al mando del crucero auxiliar *Atlantis*. Tras el hundimiento del buque, Rogge volvió a Alemania donde desempeñó diferentes cargos burocráticos de formación y preparación de oficiales navales. El 1 de marzo de 1945 ascendió a vicealmirante y al término de la guerra no sólo no fue perseguido por los vencedores

---

* Las rígidas normas raciales contempladas en las Leyes de Nuremberg no pudieron ser aplicadas en miles de oficiales, jefes y generales del Ejército y la Marina.

sino que fue transferido inmediatamente a la nueva Bundesmarine, la marina de la República Federal de Alemania llegando incluso a dirigir las fuerzas de la OTAN en su estado natal de Schleswig-Holstein. El prestigio de Rogge entre los aliados, en especial en la Marina, era muy alto y se le consideraba un auténtico caballero que jamás tuvo un acto de crueldad o de abandono hacia los náufragos de los buques hundidos. Del respeto que inspiraba su persona da fe el hecho de que el almirante Karl Döenitz, jefe de la Kriegsmarine y último jefe de Gobierno de la Alemania nazi, le llamó como testigo para defenderse de las acusaciones de antisemitismo. Bernhard Rogge se se retiró del servicio en 1962 con todos los honores y falleció en Reinbeck en 1982.

El *Atlantis* fue el primero y el más famoso de los corsarios, pero llegaron a estar navegando hasta una decena desde marzo de 1940. La idea de utilizar estos «cruceros auxiliares» partió del almirante Raeder en los años treinta ante las carencias de la Marina de guerra que había perdido todo su potencial tras el tratado de Versalles. Los pocos acorazados y cruceros que le quedaban a la recién creada Kriegsmarine debían ser asignados a la defensa de las costas y la flota de submarinos era todavía mínima para encargarse de las líneas de suministro británicas entre América y Europa, así pues se tomó la decisión de reformar y armar buques civiles para utilizarlos como corsarios. Tras la entrada de Estados Unidos en la guerra, en diciembre de 1941, y el desarrollo de la fuerza submarina, los corsarios fueron perdiendo importancia.

6

Los escenarios
secundarios

6.1. El Océano Índico

El hundimiento del Hermes

Al anochecer del día 4 de abril de 1942, el piloto de un avión de reconocimiento canadiense Consolidated PBY, de los llamados Catalina descubrió una formación de buques japoneses que navegaban en dirección a la isla de Ceilán donde se encontraba la base de la flota británica del Océano Índico. El piloto pudo enviar un mensaje con las coordenadas de su hallazgo, pero inmediatamente, un Zero despegado del portaviones *Hiryu* lo derribó sin darle tiempo a dar más detalles. La formación de buques estaba a unas 580 millas al sur de la isla y estaba compuesta por los portaviones *Akagi, Ryujo, Hiryu, Soryu, Shokaku* y *Zuikaku*, los acorazados *Haruna, Kirishima, Kongo* y *Hiei*; los cruceros pesados *Tone* y *Chikuma*, el crucero ligero *Abukuma* y 11 destructores. Al mando del almirante Nagumo, el mismo que había lanzado el ataque sobre Pearl Harbor, la misión asignada era la de liquidar a la Flota Británica del Índico dividida en aquel momento en dos con los portaviones *HMS Indomitable, HMS Formidable* y *HMS Hermes*, los acorazados *HMS Warspite, HMS Resolution, HMS Ramillies, HMS Royal Sovereign* y *HMS Revenge*, los cruceros *HMS Enterprise* y *HMS Emerald, HMS Caledon, HMS Dragon, y Hr. Ms. Jacob van Heemskerk* (holandés) más una docena de destructores. El almirante James Sommerville mandaba la flota británica y desde algunos días antes conocía la existencia de aquella flota que se dirigía a la isla de Ceilán gracias a la descodificación de los mensajes japoneses, pero no podía contar con refuerzo alguno para enfrentarse a la flota japonesa con mucha más capacidad de combate. El plan de Sommerville era mantenerse lejos de los japoneses durante el día y acercarse a ellos por la noche para intentar sorprenderles y actuar con ventaja. El primer inconveniente del plan de Sommerville vino porque esperaba a la flota japonesa por el norte de Ceilán, la ruta más corta desde el punto de partida de los japoneses en las islas Célebes, mientras que Nagumo había elegido la ruta más larga, a casi mil kilómetros de donde le esperaba Sommerville. El resultado fue que el almirante sir Geoffrey Layton, comandante en Jefe de la base naval en Colombo, ordenó la salida inmediata de los buques que aún estaban en el puerto ante el inminente ataque japonés. A las 6 de la mañana del día 9, más de ochenta aviones japoneses se lanzaron sobre el puerto de Tricomalee cercano a Colombo.

Entre los navíos que se encontraban en el puerto apenas veinticuatro horas antes se encontraba el portaviones ligero *HMS Hermes*, de algo menos de 11.000 toneladas de desplazamiento y 182 metros de eslora. El *Hermes* podía albergar hasta 20 aviones pero en aquel momento no tenía ninguno dado que su presencia en el puerto era para someterse a algunas reparaciones. Ante el peligro de ser atrapado en el puerto, el *HMS Hermes* al mando del capitán Richard F. J. Onslow y con sus casi 700 tripulantes a bordo se hizo a la mar en la noche del día 8 acompañado del destructor *Vampire*, el petrolero *SS British Sergeant*, la corbeta *Hollyhock*, y el barco almacén *Athelstane*. La situación del *Hermes* era comprometida, sin aviones, en proceso de reparación y tratando de alejarse de una poderosa flota japonesa que tenía ya sus aviones en el aire. En el ataque a Tricomalee, los japoneses habían eliminado casi una decena de aviones británicos mostrando una vez más la superioridad de los Zero sobre los Hurricane o cualquier otro modelo de avión enemigo. Pero lo peor fue que a las 8'55 de aquella misma mañana, un hidroavión de reconocimiento japonés, un Aichi E13 A, localizó al *Hermes* y a su escolta a veinte millas al sur de la ciudad de Batticaloa en la costa este de la isla. Después todo sucedió muy rápido, setenta aviones D3A1 «Val» armados con bombas de 250 Kg y 6 A6M2 «Zero», despegaron de los portaviones japoneses lanzándose sobre la flotilla a las 10'35. Treinta y siete de los aviones lanzaron sus bombas sobre el *Hermes* y el resto sobre los buques de escolta y los transportes, el destructor *Vampire*, la corbeta *Hollyhock* y el petrolero y el barco almacén. El *Hermes* estaba armado con quince cañones de 140, 120 y 22 milímetros y ocho ametralladoras de 12,7 todo ello insuficiente a falta de sus propios aviones para protegerle. A los diez minutos, con 37 impactos en su estructura el *Hermes* se fue a pique con 307 hombres en su interior incluyendo al capitán Richard F. J. Onslow.

Onslow había nacido en 1896 en la localidad de Woolston Hants Bedstone en una familia de larga tradición marinera aunque su padre era un pastor anglicano, el reverendo Matthew Richard Septimus Onslow. El primer buque a su mando fue el crucero ligero *HMS Coventry* y el 7 de mayo de 1940 se le nombró capitán del *Hermes* con el que intervino en el ataque a las colonias italianas en Etiopía y en 1941, con la entrada de Japón en la guerra, el portaviones que mandaba fue destinado al Océano Índico.

En el ataque dirigido por el almirante Nagumo los británicos perdieron también los cuatro buques que lo acompañaban, el *HMAS Vampire,* el *HMS Hollyhock,* el *SS British Sergeant* y el *Athelstane*, pero el resto de la flota de Sommerville, una veintena de buques, estaban a salvo en el atolón de Addu en las islas Maldivas. La actuación de Sommerville fue puesta en tela de juicio con posterioridad, pero el caso es que consiguió salvar los portaviones *HMS Indomitable* y *HMS Formidable* que de otro modo hubieran tenido pocas posibilidades frente a la flota de Nagumo. La incursión japonesa neutralizó a la flota británica en el Índico, pero una vez conseguido ese objetivo, Nagumo se retiró al Pacífico pues no contaba con fuerzas adecuadas y suficientes para un desembarco en Ceilán o las Maldivas.

Un buque de la armada norteamericana herido tras el impacto de varios torpedos procedentes de submarinos japoneses.

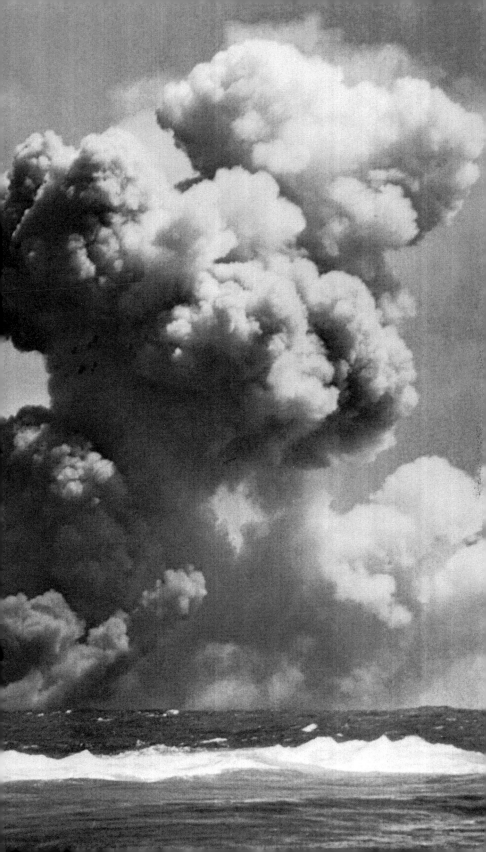

Colombo, *el* Cornwall *y el* Dorsetshire

El ataque de la aviación naval japonesa sobre Ceilán se concentró en la capital de la isla, Colombo y en su puerto. Al mando de la formación iba el comandante Mitsuo Fuchida, el mismo que había mandado la fuerza aérea de ataque en Pearl Harbor. 315 aviones abordaron la isla desde el sureste y bordearon la costa en dirección a la capital en la costa oeste. Al comandante de la escuadrilla, el capitán Fuchida, no le importó que los aviones fueran avistados desde tierra, volando a baja altura, el mismo sistema que había utilizado en Pearl Harbor, pues consideraba que incluso dada la alarma en las bases de la RAF en la isla no tendrían tiempo ni capacidad para oponerse al ataque. A las ocho de la mañana los aviones alcanzaron sus objetivos y treinta y cinco minutos después los británicos habían perdido una treintena de aviones. Esta vez, el almirante Nagumo no quiso cometer el error que se le había achacado en Pearl Harbor de dejar a salvo las instalaciones de la base e hizo hincapié en que atacaran los muelles, los depósitos y los astilleros. En cuanto a los pocos barcos que se encontraban en la bahía de Colombo, los japoneses hundieron el crucero *HMS Hector* y el destructor *HMS Tenedos* además de dañar algunos otros buques de transporte. A unos 240 kilómetros al oeste de la flotilla de Nagumo, que se retiraba ya en dirección este, se encontraban los cruceros *HMS Cornwall* y *HMS Dorsetshire* que a toda máquina intentaban alcanzar al grueso de la flota de Sommerville que huía de los japoneses, pero la suerte jugó en su contra y otro de los hidroaviones japoneses de reconocimiento los localizó hacia el medio día de esa misma jornada. A las 13'38, 88 aviones de los portaviones japoneses atacaron a los dos cruce-

Imagen del portaaviones ligero *HMS Hermes*, de algo menos de 11.000 toneladas de desplazamiento y 182 metros de eslora.

ros. El *Dorsetshire* se hundía diez minutos después y el *Cornwall* doce minutos más tarde. Sommerville reaccionó intentando localizar a los japoneses, pero el almirante Nagumo realizó una magnífica maniobra, primero alejándose rápidamente hacia el sureste para ponerse fuera del alcance británico y posteriormente virando hacia el noroeste para dirigirse a Tricomalee su segundo objetivo. Era el amanecer del día 6 de abril y tres días después atacaban Tricomalee.

James Somerville había nacido en julio de 1882 en Weybridge, en el condado de Surrey y era el segundo hijo de Arthur Fownes Somerville, de larga tradición naval por parte de madre en la que destacaba el vicealmirante Sir Samuel Hood, y el almirante Samuel Hood. Se formó como cadete en el *HMS Britannia* en 1897 con sólo 15 años y posteriormente fue guardiamarina en el *HMS Royal Arthur*. Al año siguiente fue transferido al crucero *HMS Warspite* con base en la llamada Estación del Pacífico en el puerto de Valparaíso, en Chile. Se formó posteriormente como experto en torpedos y en la telegrafía sin hilos (la radio) que se desarrollaba en aquellos años. Al estallar la Primera Guerra Mundial se le asignó el puesto de radiotelegrafista en el *HMS Marlborough*, en el acorazado *HMS Queen Elizabeth*, en el crucero de batalla *HMS Inflexible* y en el crucero *HMS Chatham*, que participó en la batalla de Gallipoli. En el periodo de entreguerras sirvió en diversos buques y en 1934 era ya contraalmirante y Jefe de Servicios en el Almirantazgo. En su historial figura el mando de la flotilla de destructores de la Flota Británica del Mediterráneo, al frente de la cual realizó misiones contra la República Española en aguas de Mallorca durante la guerra civil. En 1938 se le dio el mando de la Flota de las Indias Orientales, pero un año después se retiró del servicio al parecer por estar afectado de tuberculosis aunque eso nunca fue confirmado. Fue al estallar la Segunda Guerra Mundial, en septiembre de 1939, cuando fue llamado de nuevo al servicio activo y como segundo del almirante Sir Bertram Home Ramsay participó en el reembarco de Dunkerque que sacó del continente europeo a la fuerza expedicionaria británica amenazada por el avance alemán. A principios de 1940 se le dio de nuevo el mando de las fuerzas navales británicas en el Mediterráneo, con base en Gibraltar y en julio de ese año fue el encargado de neutralizar a la flota francesa en Mazalquivir, hundiendo o dañando varios buques. En mayo de 1941 participó en la búsqueda y hundimiento del acorazado Bismarck en aguas del Atlántico. Ya como almirante, se le nombró comandante de la Flota del este con base en Tricomalee, en Ceilán y superada la incursión de Nagumo pasó al contraataque y se enfrentó con éxito a los japoneses en Sabang y Surabaya. Hacia el final de la guerra fue enviado a Washington como enlace de la Armada con la Marina de Guerra norteamericana y de vuelta a Inglaterra, finalizada la guerra, falleció de una trombosis en marzo de 1949.

6.2. En el Ártico

La batalla del cabo Norte
La noche del 24 de diciembre del año 1943, el contralmirante de la Kriegsmarine Erich A. Bey, con su insignia a bordo del crucero pesado *Scharnhorst*, se encontraba en el super acorazado *Tirpitz*, fondeado en el puerto noruego de Alta (llamado Alten hasta 1918), en compañía de la plana mayor de su buque. No está claro si Bey asistía a una simple cena de Nochebuena en el *Tirpitz*, invitado por su capitán Hans Meyer o si se trataba de una reunión estratégica para planear algún tipo de acción contra las rutas de abastecimiento rusas en el Océano Ártico. Fuese por una razón u otra, el caso es que hacia las once de la noche, el contralmirante Bey recibió un comunicado llegado desde el cuartel general de la Kriegsmarine y firmada por el comandante en jefe, Karl Döenitz ordenándole zarpar inmediatamente para atacar un convoy británico que navegaba rumbo al puerto de Murmansk. El *Scharnhorst* era en aquel momento el único buque alemán capaz de enfrentarse a la escolta de un convoy, pues el *Tirpitz*, todavía por debajo de sus posibilidades, se encontraba efectuando reparaciones. No obstante la orden de Döenitz estaba basada en un error que resultaría trágico. Dos días antes, el 22 de diciembre, un avión meteorológico alemán que volaba sobre las islas Feroe advirtió de la presencia del convoy de 19 buques de carga con 200.000 toneladas de munición, carros de combate y vehículos blindados con destino al Ejército Rojo. Lógicamente, debían navegar

Uno de los grandes episodios bélicos de la Segunda Guerra Mundial
se jugó en el norte de Noruega; el gigantesco acorazado alemán *Tirpitz*
mantuvo en jaque a las fuerzas aliadas durante tres años,
antes de que fuera hundido en noviembre de 1944.

con una escolta, pero las difíciles condiciones atmosféricas confundieron al piloto que vio o creyó ver sólo un puñado de destructores, pero no se percató de que se trataba efectivamente de diez destructores pero también de dos cruceros pesados, el *HMS Duque de York* y el *HMS Jamaica*, todo ello al mando del contralmirante Bruce Austin Fraser. Aún contando con la sola presencia de los destructores, Bey intentó hacer desistir al alto mando de la operación a causa del mal tiempo, una violenta borrasca que podía poner en peligro a su buque. Döenitz no admitió las reticencias de Bey y consideró que era una ocasión única, así que reiteró la orden y el *Scharnhorst* se hizo a la mar el día 25. De haberse enfrentado a los dos cruceros británicos y a los destructores, el *Scharnhorst* hubiera tenido una oportunidad, era un poderoso y moderno buque, botado en 1936, de 38.000 toneladas y capaz de desarrollar una velocidad de 32 nudos. Su tonelaje y sus nueve cañones de 280 milímetros eran inferiores a los del *Duke of York*, pero superaba a éste en velocidad por lo que podría haber escapado de su alcance. Sin embargo algo, un golpe de suerte, vino a beneficiar a los británicos. En la misma zona, a solo unas millas de distancia más al sur, navegaban en aquel momento en dirección contraria, de Murmansk a Escocia, los cruceros *HMS Norfolk, HMS Sheffield* y el crucero pesado *HMS Belfast* al mando del contralmirante Robert Burnett. A aquel golpe de suerte se unió un error de Bey que fue enviar dos mensajes al Alto Mando advirtiendo que la tormenta empeoraba y que no valía la pena arriesgar a su buque y a los cinco destructores de escolta que ya estaba sufriendo tremendas dificultades en la navegación. Ese mensaje, interceptado por los británicos, les puso en guardia sobre la presencia de los buques alemanes. De hecho Bey tenía razón pues su flotilla no podía superar los 10 nudos a causa de la tormenta, aunque usar la radio fue la peor solución. Interceptadas las comunicaciones por los británicos Fraser ordenó inmediatamente a los buques que navegaban hacia Escocia que viraran al norte para atrapar al *Scharnhorst* entre dos fuegos. Otro dato en contra de los alemanes era que los buques británicos que mandaba el contralmirante Burnett estaban dotados de radares de tiro por lo que el tiempo infernal y la oscuridad del Océano Ártico, con apenas cuatro horas de luz al día, no eran un problema irresoluble. Finalmente, al amanecer del día 26, todavía noche cerrada sin visibilidad, el *HMS Belfast* abrió fuego a 12 km de distancia y en un alarde de puntería o de suerte, la primera andanada alcanzó al *Scharnhorst* causando daños en sus sistemas de disparo. Con su velocidad de 30 nudos, el *Scharnhorst* consiguió escapar pero fue directo al encuentro con el *HMS Duque de York* y el *HMS Jamaica* que le detectaron a las 16'15 de la tarde, ya en plena oscuridad ártica. Aún intentó Bey huir forzando su buque a 31 nudos

EL *HMS Norfolk* tenía como misión vigilar el estrecho de Dinamarca, y participando en la persecución del *DKM Bismarck* y el *DKM Prinz Eugen*.

pero una andanada de sus perseguidores le alcanzó sobre las 18'20 en la línea de flotación destruyendo una de sus calderas. A partir de ese momento el *Scharnhorst* con apenas 22 nudos ya no podía huir a máxima velocidad y fue alcanzado por los torpedos de varios destructores y la artillería del *Belfast*, el *Duque de York* y el *Jamaica*. A las 19'45 el buque se escoró hasta dar la vuelta completamente y se hundió llevándose a más de 1.900 hombres de su tripulación incluyendo al capitán Fritz Julius Hintze. El contralmirante Bey cayó al agua momentos antes de hundirse el buque pero el estado de la mar hizo imposible salvarle a pesar de los esfuerzos de la tripulación del destructor británico *HMS Scorpion*.

Erich A. Bey era un marino de estirpe, nacido en Hamburgo en 1898. Había ingresado en la Marina Imperial en plena guerra, en 1916, y se había especializado en buques pequeños, lanchas torpederas y destructores. Pasó por todos los avatares de la Marina alemana, con la derrota, la destrucción de la Marina Imperial, la creación de una débil Marina de Weimar y el rearme de la Kriegsmarine hitleriana. En 1939 se le encomendó el mando de una escuadrilla de destructores con la que participó en la invasión de Noruega y fue condecorado tras la batalla de Narvik. En 1943 nada más ser ascendido a contralmirante asumió el mando del grupo compuesto por el *Scharnhorst* y su escolta de destructores.

La ruta de navegación entre las Islas Británicas y los Estados Unidos con los puertos rusos de Arkhangelsk y Murmansk fue fundamental en el curso de la guerra, en especial en los dos últimos años cuando la ofensiva rusa en el frente del este necesitaba más que nunca de los suministros de munición y material desde los aliados. Entre agosto de 1941 y mayo de 1945 circularon por la ruta del Océano Ártico 78 convoyes, en total unos 1400 buques cargados de toneladas de material. La Royal Navy, la Marina canadiense y la US Navy se encargaron la protección de los convoyes contra la flota alemana y se perdieron un total de 85 cargueros y 16 buques de guerra.

Bibliografía

Barker, Ralph. *Ship Busters!* The Sunday Times, 2009.

De la Sierra, Luis. *La guerra naval en el Mediterráneo*, Editorial Juventud, 1976.

De la Sierra, Luis. *La guerra naval en el Atlántico,* Editorial Juventud, 1974.

De la Sierra, Luis. *La guerra naval en el Pacífico,* Editorial Juventud, 1979.

De la Sierra, Luis. *Corsarios alemanes en la guerra,* Editorial Juventud, 1989

De laSierra, Luis y Von Muellenheim-Rechberg, Burkard. *El acorazado Bismarck: relato de un superviviente,* Editorial Juventud, 1982.

Fuchida, Mitsuo. *From Pearl Harbor to Calvary,* Pickle Partners Publishing, 2016.

Leckie, Robert. *Mi casco por almohada,* Marlow, 2010.

Lewis, David D. *La batalla por el mar*, Ediciones G.P., 1966.

Parshall, Jonathan y Tully, Anthony. *Shattered Sword,* Potomac Books, 1972.

Shinsato, Douglas T y Urabe, Tadanori, *For That One Day. The Memoirs of MitsuoFuchida.*

Sledge, E.B. *Diario de un marine,* Editorial Planeta, 2008.

http://www.sentadofrentealmundo.com/2009/09/los-suicidios-de-okinawa.html
http://www.ibiblio.org/hyperwar/AAF/USSBS/IJO/IJO-55.html
http://bismarck-class-forum.dk/thread.php?threadid=5462.
http://www.researcheratlarge.com/Ships/BB36/PearlHarborDamageReport/
http://www.pearlharborsurvivorsonline.org/
http://whatreallyhappened.com/WRHARTICLES/McCollum/index.html
http://www.pacificwrecks.com/provinces/png_rabaul.html
www.elespiadigital.com/images/stories/Documentos2/HAWAII%20 ESPA%C3%91OL.pdf
http://navalhistory.flixco.info/H/93745x263540/259869/c0.htm
http://www.ibiblio.org/hyperwar/AAF/USSBS/IJO/index.html
http://ww2db.com/

https://missingmarines.com/
http://ussarizona.org/
http://buquesdeguerra.com/es/
http://pearl-harbor.com/arizona/casualtylist.html
http://www.janesoceania.com/delong_memoirs/index.htm
https://www.geni.com/projects/Japanese-prisoners-from-Wake-Island-Guam-and-Cavitie/914
http://thomascsanger.com/tag/barnet-copland/
http://programacontactoconlacreacion.blogspot.com.es/2014/12/casi-11000-soldados-britanicos-se.html
http://www.forosegundaguerra.com
www.mcu.usmc.mil/historydivision/
http://www.lasegundaguerra.com
https://www.youtube.com/watch?v=oEmQYi9AFXQ
http://combinedfleet.com/battles/
http://genealogy.com/lp/military-records?s_kwcid=&rd=http://genealogy.com/lp/military-records&o_xid=66298&o_lid=66298&o_sch=Paid%20Search%20GDN
www.exordio.com

MAQUIS, ESPÍAS Y HÉROES

Daniel Arasa

Maquis, espías y héroes es la historia de una serie de hombres que, como guerrilleros, en las fuerzas de liberación aliadas o bien enrolados en la División Azul, combatieron en batallas tan importantes como Normandía, El Alamein, Montecasino, Las Ardenas o Stalingrado. A partir de una serie de pequeños relatos, el autor —reconocido especialista en temas bélicos— muestra situaciones y acciones de unos cuantos protagonistas en diversos escenarios bélicos, con historias independientes aunque un mismo telón de fondo.

LUCHARON EN BATALLAS DECISIVAS

Pedro Pablo García May

Las historias que aparecen en este libro están aderezadas casi todas ellas con los símbolos del valor y grandeza, no en vano son relatos de soldados, hazañas bélicas particularmente llamativas de las muchas que acontecieron en los principales frentes de este conflicto. Son testimonios que hablan de la lucha por la supervivencia en el contexto de la Segunda Guerra Mundial. Para casi todos los nombres que aparecen aquí la guerra fue una ordalía que marcó su vida y la de cuantos conocieron en aquellos momentos. Esta es la historia de algunos héroes anónimos que participaron en el principal conflicto que hubo en el siglo XX.

LA RESISTENCIA CONTRA LOS NAZIS

Hervé Barre

La resistencia fue un grupo organizado que, utilizando los movimientos y canales clandestinos, lucharon contra las fuerzas del Eje en cada uno de los escenarios que estos ocuparon. Sus actos iban desde la difusión de prensa clandestina, la producción de documentación falsa y la organización de huelgas hasta la lucha armada, el sabotaje de las vías de comunicación o los atentados contra oficiales. Este libro recuerda algunas de esas historias, terribles, esperanzadoras, pero todas ellas de una gran humanidad, que tuvieron como marco una sociedad abocada al abismo. Historias que tuvieron lugar en aquellos países ocupados y que nos acercan a una idea ejemplar de lo que significa el vocablo dignidad.

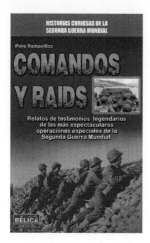

COMANDOS Y RAIDS
Pere Romanillos

Las historias que reúne este libro son epopeyas prota-gonizadas por unos pocos hombres que pusieron su arrojo y su vida al servicio de la causa en la que creían. Su historia está tejida con los hilos del valor pues los comandos solían estar formados por un pequeño gru-po de tropas de asalto -la mayoría de ellos voluntarios que eran previamente sometidos a unas pruebas físicas extremas-, destinado a hacer incursiones ofensivas en territorio enemigo utilizando métodos poco conven-cionales. El sabotaje, la inteligencia, las emboscadas, los centros de suministro, la captura o liberación de rehenes, todas ellas y algunas más eran tareas de esta elite militar que participó en algunos de los hechos fundamentales que, desde el lado aliado o por parte de los ejércitos alemanes, tuvieron lugar en el devenir de la Segunda Guerra Mundial.

CRIMINALES NAZIS DEL EXTERMINIO
Ernesto Frers

Este libro narra diferentes historias de personajes siniestros del Tercer Reich que fueron los artífices de la más cruel y despiadada operación de exterminio del siglo XX. Nombres como Himmler, Eichmann o Barbie pasaron de ser crueles ejecutores a ser presa de caza de aquellos que se dedicaron a buscar, identificar y perseguir nazis fugitivos. Sin duda tenían buenos motivos para odiarlos, aunque en la mayoría de los casos la venganza personal fue sublimada por un impulso de hacer justicia.

LOS SECRETOS OCULTOS DEL TERCER REICH
Paul Lemond

He aquí un conjunto de relatos que diseccionan —con la agudeza y profundidad de un afilado bisturí— dife-rentes episodios sucedidos durante la segunda guerra mundial y que tienen como telón de fondo el régi-men nazi instaurado en Alemania. Su actor princi-pal, Adolf Hitler, desfila por las páginas de este libro acompañado del resto de personajes que, malcarados como él, sólo eran leales a su propia lujuria de po-der y a la violencia que tenían como compañera. Paul Lemond desvela las distintas claves que llevaron al poder a Hitler así como el papel que desempeñaron quienes le acompañaron en tan terrible aventura.

DIARIOS DEL DÍA-D
Carol Harris

El 6 de junio 1944 constituye una de las fechas más memorables en la historia de la humanidad. El día D marcó el principio del fin de la Segunda Guerra Mundial, las fuerzas aliadas invadieron Normandía y se abrieron paso en la Europa ocupada por los nazis. La Operación Overlord, su nombre en clave, fue una hazaña increíble que resultó ser un punto de inflexión en la contienda y que acabaría con la hegemonía del Tercer Reich. La memoria personal es la fuente de la que bebe la historia, de ahí estos relatos de primera mano que recogen con fidedigna precisión aquellos terribles momentos.

ESPÍAS Y LA GUERRA SECRETA
José Luis Caballero

Cuando la opinión pública anda conmocionada por las revelaciones sobre los servicios secretos a causa de los asuntos Wikileaks o Snowden, y de los excesos de ciertos organismos, no está de más recordar que, en tiempos de guerra, hubo personas, la mayoría desconocidas, que trabajaron en la sombra y ofrecieron su vida por sus ideales. Para bien o para mal, forman parte de la historia.

Este libro indaga en las labores de espionaje más significativas que tuvieron lugar durante la Segunda Guerra Mundial y los hechos que de ellas se derivaron.

LA CAÍDA DE BERLÍN
José Luis Caballero

El 20 de abril de 1945 Hitler cumplía 56 años y la artillería rusa alcanzaba Berlín. El Primer Frente Bielorruso de Zhúkov empezó a rodear la capital alemana por el noreste y el este. Las fuerzas disponibles para la defensa de Berlín eran restos de la Wehrmacht, las Juventudes Hitlerianas, ancianos, policías, y veteranos de la Primera Guerra Mundial. La resistencia de los alemanes era encarnizada en cada casa, en cada calle, en cada barrio, impidiendo el paso a los atacantes.

He aquí un conjunto de historias conocidas o ignoradas, desdeñadas, recordadas u olvidadas, que pretenden reflejar tanto el fanatismo salvaje que presidió la caída de Berlín, como la capacidad de resistencia del ser humano incluso en las peores circunstancias.

SUBMARINOS
Manuel J. Prieto

Convoyes de mercantes atacados en mitad de la noche, aviones que salen de las nubes para sorprender a los submarinos en superficie, ataques con cargas de profundidad, naufragios, largos viajes por el Ártico o el Caribe, submarinos que aparecen donde menos se les esperaba tras la guerra, héroes, comandantes crueles, banderas piratas, tiempos felices y tiempos duros... todo esto y mucho más formó parte de la guerra submarina en la Segunda Guerra Mundial.

Y todo ello viene narrado en estas páginas que mezclan el rigor histórico y el dramatismo del mejor relato bélico.

FUGAS Y EVASIONES DE LA SEGUNDA GUERRA MUNDIAL
Pedro Pablo G. May

Hablar de campos de concentración significa nombrar una época oscura de la historia de la humanidad. Pero también significa solidaridad, heroísmo y dignidad en muchos casos. Como la de aquellos hombres (y algunas mujeres) que, unas veces por mero instinto de supervivencia, por seguir luchando por su país o simplemente por no soportar languidecer encerrados, tuvieron la valentía y la osadía de tratar de fugarse de sus captores. En algunos casos, sus protagonistas tuvieron éxito, pero en otros no. Este libro recoge las historias de los intentos de fugas y evasiones más espectaculares, sorprendentes e increíbles en todos los países implicados en el conflicto, ya fuera en el bando del Eje o bien en los campos de concentración aliados.

LOS MISTERIOS DEL IMPERIO NAZI
Marius Lambert

Este libro traza un retrato fiel de aquellos sucesos más significativos que promovieron el auge y la caída del Tercer Reich y de los personajes que generaron la ideología que condujo Europa a una inmensa hecatombe. Y, como no podía ser de otra manera, su líder y artífice principal, Adolf Hitler, tiene un papel esencial.

El afán de protagonismo, la ambición desatada, el interés por lo oculto, el desequilibrio mental y el ardiente deseo de pasar a la posteridad no surgieron de la nada, sino que fueron un cúmulo de influencias y de personajes vinculados al ocultismo quienes ejercieron su labor en el hombre que hizo temblar Europa.